www.tredition.de

AF217593

Arnold H. Lanz

Top 10 Gesundheit

75 jährig und kein bisschen greise

www.tredition.de

© 2018 Arnold H. Lanz

Verlag und Druck: tredition GmbH, Hamburg

ISBN
Paperback: 978-3-7469-6546-8
Hardcover: 978-3-7469-6547-5
e-Book: 978-3-7469-6548-2

INHALT

VORWORT

So langsam werde ich 75 Jahre alt – und fühle mich heute deutlich jünger, vitaler, gelenkiger und emotional ausgeglichener als vor 30 bis 40 Jahren.

Viele Menschen sind mit 50 oder spätestens mit 60 ausgelaugt und sehnen sich danach, endlich aus dem Arbeitsleben aussteigen und sich zur Ruhe setzen zu können. Ich habe nicht nur bis 65 gearbeitet, sondern arbeite demnächst sogar bis 75! Nun ja, ich führe eine Gesundheitspraxis und das macht mir viel Spass - aber Arbeit ist und bleibt Anstrengung, Konzentration, Einsatz um nicht zu sagen Druck, Belastung, Stress.

Wie also halte ich das aus?

Ganz einfach: ich wende die Top 10 der Gesundheit an. Ich habe sie in mein tägliches Leben integriert.

VORBEMERKUNG

Ich stelle anatomische Zusammenhänge ganz bewusst in einer sehr einfachen, nicht wissenschaftlichen Sprache dar. Dadurch entstehen Ungenauigkeiten, die ich in Kauf nehme und die ich dich liebe Leserin, lieber Leser bitte mir zu verzeihen. Der grosse Vorteil dieses Vorgehens ist: ich kann die wichtigsten Punkte der Gesundheit einprägsam und leicht nachvollziehbar darstellen.

Wenn du Wert auf medizinisch korrekte Begründungen legst, Hintergründe erfahren möchtest, dann empfehle ich dir mein Buch Mr. X, (Mr. Gesundheits-X). In diesem Buch findest du Nachweise, Erklärungen, Hinweise auf Studien usw. Ausserdem weitere Themen wie z.B. Hormonhaushalt, Sexualität, Psyche, Mentalkraft, Farben, Düfte usw. Das

Buch enthält zudem Dutzende von Praxisbeispielen, Genesungsverläufen und genauen Angaben dazu, was konkret zur Genesung geführt hat.

GESUNDHEITSREGEL NR. 1: BEWEGUNG, BEWEGUNG, BEWEGUNG!

Wir Menschen sind Bewegungsmaschinen. Wir sind nicht Tiere, nein, aber ein Vergleich kann nicht schaden. Was tut ein Fuchs den ganzen Tag? Ja, er schläft viel – und in der übrigen Zeit, da streicht er herum. Er wandert bis zu 50 Kilometer täglich, um nach Futter zu suchen. Das gleiche Leben führen Hirsche, Rehe, Elefanten, Tiger, Löwen, Elche, Wildkatzen und auch alle Vögel, alle Insekten, die Schmetterlinge, die Mäuse, die Fische – einfach alle Tiere bewegen sich sehr viel.

Und unsere Urvorfahren taten es auch. Die Geschichte der Aborigines, der Indianer, der afrikanischen Urvölker – alle zeigen das Gleiche: Wandern, umherstreifen, Nahrung suchen.

Das alles tun wir heute nicht mehr. Unser Leben ist zivilisierter und damit wohl auch einfacher geworden. Wir kaufen die Nahrung im Restaurant oder im Laden – und nutzen unsere Zeit für etwas Gescheiteres.

Wir fahren mit öV oder Auto zur Arbeit, sitzen oder stehen stundenlang herum, führen einseitige Bewegungen aus oder arbeiten fast nur mit dem Kopf und bewegen uns kaum oder wenig.

Ist das gescheiter?

Einfacher vielleicht, sicherer und einträglicher wohl auch, meist auch bequemer, aber gescheiter?

Nein!

Unser Körper ist seit vielen Tausend Jahren immer noch der Gleiche. Lange Beine, lange Arme, wenig Rumpf und Organe, die nur funktionieren wenn sie genügend Bewegung erhalten.

Organe benötigen Bewegung? Ja doch! Sagt dir Verdauung etwas? Peristaltik?[1] Lymphe?

---

[1] Verdauungsbewegungen Magen-Darm

Ohne genügend Bewegung leidet unsere gesamte Maschinerie. Es droht eine ganze Reihe von Krankheiten und Gebrechen: Vom Herzinfarktrisiko über Verstopfung, Krampfadern, Hämorrhoiden bis hin zu Arterienverkalkung und Gehirnverkalkung. Ich mag gar nicht alle aufzählen, die Liste ist unendlich, denn letztlich ist fast jede Krankheit auf einen Mangel an Durchblutung zurückzuführen. Und das ist immer noch nicht alles. Ohne Bewegung kommt die Lymphe, der Nähr- und Klärstrom zum Erliegen. Du verschlackst zusehends und erstarrst früher oder später wie Lots Weib.

Geh doch mal in ein Altersheim und sieh dir dort die Unbeweglichkeit an. Geriatrie-Ärzte sehen es als „normal" an, dass man unbeweglicher, langsamer wird. Ich gar nicht und ich bin demnächst 75 jährig. Es gibt keinen Grund, warum man nicht bis ins allerhöchste Alter körperlich, seelisch und geistig top fit und beweglich bleiben kann. Keinen.

Ausser du bewegst Dich nicht – oder falsch.

In Bezug auf Bewegung kann man die Menschen in drei Klassen einteilen:

	Bewegungs-menschen	Quäler	Paschas
Charakter	Sie explodieren, wenn sie sich nicht bewegen können.	Sie wissen, dass Bewegung wichtig ist. Sie haben ein schlechtes Gewissen. Wenn sie sich	Bewusst oder unbewusst gewähltes Vorbild: Winston Churchill: [2] Wa-

---

[2] Winston Churchills Rossnatur verkraftet seine gesundheitsgefährdende Lebensweise viele lange Jahre. Doch 1955 erlitt er einen Schlaganfall und was danach kam waren nur noch Schmerzen.

	Leistungssport, Laufevents, Marathons.	bewegen quälen sie sich heftig.	rum soll ich laufen, wenn ich fahren kann, warum soll ich stehen, wenn ich sitzen kann, warum soll ich sitzen, wenn ich liegen kann?
Top oder Flop	Obwohl sie meist gut trainiert sind, wird aus Spass oft blutiger Ernst und es kommt zu Überforderung.	Sie versuchen in einer heftigen Leistungsexplosion Bewegung nachzuholen. Da sie kaum trainiert sind, bewegen sie sich rasch im anaeroben Bereich[3]	Nur das Faultier überlegt ein solches Verhalten, wir Menschen nicht.

Um es im Klartext zu sagen: Die Entwicklungsvorgabe für uns Menschen war: eine Laufmaschine.

Genau wie der Fuchs, der täglich geht, umherstreicht. Oder wie die Aborigines, die täglich wandern. Oder wie die Indianer auf der Pirsch: über weite Strecken gehen, kriechen, sich anschleichen, ducken, auflauern, aufspringen, kurze Distanz rennen und dann auf dem Heimweg: gehen, gehen, gehen.

---

[3] Die anaerobe Schwelle (ANS) ist die Belastungsgrenze in der Sportphysiologie. Ein regelmässiges Training mit einer Intensität knapp unterhalb dieser Schwelle gilt als sehr effektiv zum Aufbau einer Ausdauerleistungsfähigkeit.

Dafür ist unsere Körpermaschine gebaut.

Ja, ich weiss: Tennis, Squash, Marathon, Fussball, Handball, Eiskunstlauf; all das können wir auch. Aber es gehört eigentlich nicht zum ursprünglichen Entwicklungsziel des Menschen.

Empfehlung

Aus all dem folgt eine ebenso einfache wie folgerichtige Empfehlung: Täglich 30 bis 60 Minuten gehen, wandern, marschieren, walken.

Nein, ich spreche nicht von spazieren und dabei Blumen und Schmetterlinge betrachten.

Und nein, ich spreche auch nicht von atemprustendem Schwitzen auf dem Laufband.

Ich spreche von mindestens 30 Minuten gehen an der frischen Luft. Marschieren am Stück, ohne Pause. In dem Tempo, in dem der Atem regelmässig und tief geht, das Herz mit leicht erhöhter Frequenz schlägt, aber nicht rast. Im Tempo, das man dem Gelände anpassen kann: sehr zügig in der Ebene, langsamer am Berg. Bei dem man den ganzen Körper gut durchwärmen kann, aber dabei nicht in Schweiss ausbricht.

Du kannst gerne an einen schönen Ort, in den Wald, an einen Bach fahren und dort laufen, denn da ist es besonders erholsam. Aber eine Anfahrtsstrecke ist nicht notwendig. Dies kannst du mit viel Genuss am Samstag und Sonntag tun. Unter der Woche genügt es, aus der Haustüre raus zu gehen und zu laufen. Einfach nur raus und walken.

Ja, ich weiss, du bist im Stress und hast keine Zeit für deine täglichen 30 Minuten.

Gut, ist ok. Wundere dich einfach nicht, wenn du deine erste Streifung hast, wenn du ein künstliches Kniegelenk brauchst, Diabetes, Heuschnupfen, Krampfadern, Rückenschmerzen, Verstopfung usw. bekommst.

Und wenn Deine Lebenserwartung pro Jahr Unbeweglichkeit um einen Monat sinkt.

Rechne es ruhig aus: Deine statistische Lebenserwartung liegt bei etwa 75 bis 80 Jahren. Jedes Jahr Unbeweglichkeit ist ein Monat weniger. Seit wie vielen Jahren fehlen Dir die täglich 30 Minuten Marsch? Rechne es ruhig aus.

Und überlege dann, ob es sich nicht vielleicht doch lohnt, 30 Minuten in Deinen Tagesablauf einzubauen. Marschieren kann man überall, z.b. auch auf dem Weg zur Arbeit.

Bitte achte aber darauf: es muss am Stück sein.

Ja ich weiss, du bewegst dich viel bei der Arbeit, machst den Haushalt, rennst in den Keller.

Sind das 30 Minuten am Stück? Nein? Dann bringt es leider nicht das, was du möchtest: Lebensverlängerung.

Ja, umgekehrt darfst du natürlich auch rechnen: jedes Jahr regelmässige Bewegung bringt einen Monat Lebensverlängerung.

Und da spreche ich nicht von einem Leben mit Gelenkschmerzen, beginnender Alzheimer, Krampfadern, Hämorrhoiden, Tinnitus, Rheuma, Gebiss, Hörgerät usw. Nein, ein solches Leben interessiert mich nicht. Schon gar nicht, wenn es Stöcke, Rollator, Rollstuhl, Krankenbett heisst.

Auch wenn sich Millionen Menschen das gefallen lassen und der Arzt von altersbedingtem Abbau schwafelt; eine solche Zukunft ist nicht wirklich lebenswert.

Wenn ich von Lebensverlängerung spreche, dann nur so wie ich sie erlebe: 100 % schmerzfrei, vital, gelenkig und im Vollbesitz meiner Sinne.

Das kannst auch du erreichen. Überlege jetzt, wie du Bewegung in dein Leben integrieren kannst und geh dann zu Kapitel 2.

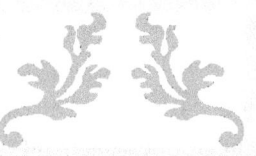

Regel 1:
Wandere, denn Wandern ist artgerechte Bewegung!

Wir Menschen sind Laufmaschinen. Tennis, Fussball, Klettern usw. in allen Ehren, aber unser ganzer Körper ist auf Gehen, Marschieren, Laufen ausgerichtet. Täglich 30 Minuten Wandern ist die beste Garantie für ein langes, beschwerdefreies Leben. Jedes Jahr regelässiges Laufen erhöht die Lebenserwartung um einen Monat.

GESUNDHEITSREGEL NR. 2: VERGISS RED BULL!

Red Bull hat es innert weniger Jahrzehnte geschafft, zum weltweit wohl bekanntesten Sportgetränk zu werden. Ist es wirklich gut, hilft es Sportlern?

Nein, ganz im Gegenteil.

Wir Menschen bestehen zu 66% aus Wasser. Ich sage es hier bewusst nochmals: Wasser. Nicht Red Bull, Kaffee, Bier, Wein, Tee, Milch, Orangensaft! Stell dir das ruhig mal vor: Wenn du 60 kg schwer bist, dann sind das 40 Kg Wasser und 20 Kg Haut, Knochen, Gehirn, organisches Material. In den 40 Kg/Liter Wasser sind etwa 5 Liter Blut enthalten. Der Rest, also 35 Liter, ist Wasser. Genauer gesagt: Dieser Rest sollte Wasser sein und nicht Red Bull, Bier usw.

Wo genau sind diese 35 Liter? Ein bisschen überall könnte man sagen, primär in den Zellzwischenräumen. Also in der Unterhaut, den Organen, im Magen-Darm. Was tut das Wasser da? Es beliefert die Zellen mit Vitalstoffen (Nährstrom), und es entsorgt den Abfall, Schlacken, Bakterien, Viren, Pilze usw. (Klärstrom). Die grosse Frage ist, wie schafft es der Organismus aus Red Bull, Bier, Milch und Tee einen wertvollen Zell-Nährstrom zu generieren? Diese Herkulesaufgabe kostet den Organismus extrem viel Arbeit und Schweiss und zehrt an deiner Lebenskraft. Wenn du oft müde bist, dann beginne Wasser zu trinken statt Red Bull und Co. Du erleichterst deinem Organismus seine Aufgabe.

Die zweite grosse Frage ist, wie kommt das Wasser zu den Zellen und wie wird der Klärstrom bewegt? Bei vielen Menschen muss man sogar fragen: Wird der Klärstrom überhaupt bewegt? Geh ruhig mal in ein Altersheim. Da siehst du, was passiert, wenn der Klärstrom verschlackt. Du wirst zusehends unbeweglich, ungelenkig, steif, verkalkt, versteinert. Jedes Aufstehen ist nur mehr mit viel Ächzen möglich, jeder Schritt verursacht Schmerzen und du überlegst dir, ob du nicht lieber sitzen bleiben willst.

Die Lymphe wird nur durch Zusammenziehen und Entspannen der Muskeln bewegt. Wir sind also wieder bei Regel Nr. 1: Bewegung.

Um Regel Nr. 2 abzuschliessen: Deine Haut ist durchlässig, d.h. du verlierst in der Nacht einen bis zwei Liter. Ein guter Rat ist also: Wenn du aufstehst, dann solltest du als erstes zwei bis drei Gläser reines, lauwarmes Wasser trinken. Langsam und genussvoll.

Über den Tag verlierst du, je nach Aktivität, einen bis drei Liter Wasser. Dein Körper benötigt also laufend Nachschub. Die Menge hängt von deinen Essgewohnheiten ab. Wenn du viel Gemüse und Früchte isst, dann genügt ein Liter, wenn du stärkehaltige Kohlenhydrate (Brot, Teigwaren, Reis, Mais) isst, dann sollten es drei Liter oder mehr sein. Das Gleiche gilt für Wein, Kaffee, Bier, Orangensaft: das sind echte Wasserräuber.

Trinken, trinken, trinken heisst also die Devise. Und zwar Wasser, nichts als reines, kristallklares Wasser. Ohne Kohlensäure bitte, denn Säure zerfrisst deine Gelenke.

Trinken und zwar, das ist ganz wichtig, nicht zu den Mahlzeiten, sondern zwischen den Mahlzeiten. Warum das? Wenn du isst, dann beginnt der Magen Magensäure zu produzieren. Wenn du jetzt trinkst, dann verwässerst du die Säure und dein Magen kommt in Stress. Deine Verdauung funktioniert also erheblich besser, wenn du vor und nach den Mahlzeiten trinkst, nicht aber während dem Essen.

Regel 2:
Trinke, denn Wasser ist wichtiger als alles andere!

Wir bestehen zum grössten Teil aus Wasser, umhüllt von Haut, strukturiert durch Knochen und Organe. Leider verlieren wir Wasser, wir müssen es laufend ergänzen, erneuern. Wein, Bier, Tee, Kaffee, Red Bull usw. machen dem Organismus viele Probleme. Ein bis drei Liter möglichst reines Wasser ergänzen den Vorrat, sichern den Nährstrom, erhalten Haut und Organe vital.

GESUNDHEITSREGEL NR. 3: VERMEIDE JUNKFOOD!

Ja, ich weiss, das ist dir schon lange bewusst. Du isst möglichst keine Chips, Frites, Burger. Doch halt, ich muss hier den Umfang deutlich weiter fassen. Als Junkfood bezeichne ich all das, was dein Organismus nicht oder kaum verdauen kann. So wird die Liste länger, viel länger. Denn dazu gehören auch alle E-Nummer-Produkte, angereicherte, verfeinerte Fertiggerichte wie z.b. Fertigpizza, Früchte-Joghurt, alle Light Produkte, Cerealien und Cornflakes, Margarine, Riegel, Kaugummi usw. Ist das nun alles? Nein, bei weitem nicht. Das amerikanische Fachinstitut „Nutrition & Healing" hat aufgelistet, welche Nahrungsmittel die Gesundheit am meisten gefährden.

Nahrungs-mittel	Vorkommen	Krankheitsrisiko	Zu ersetzen durch
Zucker	Süssgetränke Patisserie Schokolade Ketchup usw.	Fettleber Übersäuerung Rheuma, Arthritis, Polyarthritis, Fibromyalgie, MS usw.	Stevia Erythrit
Fruchtsäfte	Orangensaft Grapefruitsaft Apfelsaft usw.	Übersäuerung Rheuma, Arthritis Polyarthritis, Fibromyalgie, MS	Reines, natürliches Wasser
Cerealien	Cornflakes	Magen-Darmprobleme Leaky Gut Krebs	Gemüse / Früchte
Stärkehaltige Kohlenhydrate	Brot Teigwaren	Diabetes,	Frisches Gemüse

Weizen Reis Amaranth Quinoa Haferflocken usw.	Risotto Polenta Kartoffeln Süsskartoffel	der ganze rheumatische Formenkreis Krebs	Frische Früchte
Soja	Tofu Sojamilch	Hormonelle Probleme, Krebs	Gemüse, Früchte
Omega 6 überschüssige Fette und Öle	Oliven-, Raps-, Sonnenblu- men-, Distel- usw. Öl	Alle Entzün- dungskrankhei- ten, allen voran Rheuma, Arth- ritis	Leinöl Kokosfett Butter / Bratbutter Ghee

Vielleicht hätte ich besser aufzählen sollen, was für uns Menschen natürlich ist, was wir gut verdauen können. Das ist eigentlich ganz einfach,
denn eine gute, nahrhafte, leicht verdauliche Mahlzeit enthält immer
die folgenden Bestandteile:

Leicht verdauliche, vollständige Mahlzeit:

Eiweiss	Zu jeder Mahlzeit <u>ein</u> Eiweiss, also Ei oder Fisch oder Hülsenfrüchte oder Fleisch oder Milchprodukte (Qua- lität in dieser Reihenfolge)
Gemüse und oder Früchte	Gemüse und Früchte können beliebig kombiniert werden, roh oder gekocht, also z.B. Salat mit Karot- ten, Tomaten, Sellerie und / oder Ratatouille. Das gleiche gilt für Früchte: Kompott / Fruchtsalat
Fett	Kokosfett zum Braten, Leinöl für Salat, Dips usw.

Iss täglich 3 Mahlzeiten, möglichst zu gleichen Zeiten also z.B. um 07.00, 12.00, 18.00 Uhr. Halte Essenspausen von 4 -5 Stunden ein. In den Pausen gibt es nichts, keinen Kaugummi, Kaffee, Riegel, Pausenapfel; dafür aber Wasser.

Damit deine Mahlzeiten gelingen, hier die Liste der gut verdaubaren Nahrungsmittel:

- Gemüse wie z.B. Brokkoli, Blumenkohl, Kohl, Tomaten, Wirsing, Karotten, Sellerie usw.
- Früchte wie z.B. Apfel, Birne, Aprikose, Melone, Trauben, Bananen, Orangen usw.
- Beeren wie z.B. Erdbeeren, Himbeeren, Blaubeeren, Johannisbeeren usw.
- Kräuter und Gewürze wie z.B. Petersilie, Schnittlauch, Thymian, Salbei, Rosmarin, Basilikum
- Wildkräuter wie z.B. Löwenzahn, Giersch, Spitzwegerich
- Eiweiss wie z.B. Fisch, Eier, Kalb-, Rindfleisch, Huhn, Ente, Wild, Milchprodukte usw.
- Pflanzliches Eiweiss wie z.B. Erbsen, Linsen, Kidney-Bohnen usw.
- Fette und Öle: bitte beschränke dich auf Leinöl, Kokosfett, Butter, Bratbutter

Wer auf seinen Körper hört, stellt fest, dass er selbst aus dieser Liste nicht alles problemlos verdauen kann. Die einen vertragen Brokkoli besser, die anderen Blumenkohl. Was du persönlich gut verdauen kannst, solltest du analysieren lassen.[4] Bitte suche dir jemanden, der auch analysiert, ob du genügend, zu wenig, zu viel Eiweiss, Früchte, Gemüse,

---

[4] Nahrungsmittelanalysen wie „verdauen.ch", „Metabolic Typing", „Metabolic-Balance" sind hilfreich.

Kohlenhydrate, Fett isst. Diese Anteile sind individuell und die Versorgung des Körpers mit diesen Grundbestandteilen ist sehr wichtig. Und: Lass dich von Modeströmungen wie Paleo, Trennkost, Vegetarismus usw. nicht verwirren. Wir Menschen benötigen ganz grundsätzlich Eiweiss, Gemüse, Früchte und gut verdaubare Fette. Was wir nicht oder nur in ganz, ganz kleinen Mengen benötigen ist Zucker und Stärke.

CRP

Zweitens solltest du deinen CRP Wert, deinen Entzündungsfaktor überwachen. Ein Wert von über 50 gilt schulmedizinisch als Grenzwert zum rheumatischen Formenkreis. Mit 50 oder mehr hast du also Rheuma, Arthritis, Polyarthritis, Fibromyalgie, Gicht. Aber das muss dir eigentlich kein Arzt sagen, das spürst du selbst ganz deutlich: Gelenkschmerzen, Schmerzen beim Aufstehen, Schmerzen beim Gehen; jede Bewegung ist die Hölle. Du könntest schreien vor lauter Schmerz und niemand sagt Dir, wie du diesen vermaledeiten CRP Wert runter kriegst, denn Schmerzen und Rheuma im Alter werden als normal angesehen. Schliesslich gibt es ja Cortison, Schmerzmittel, Salben und die vielen sündteuren (Rheuma-) Spezialpräparate. Wenn du Enttäuschungen liebst, dann probiere all das ruhig aus, das nimmt dir die Illusionen. Schliesslich bleibt nur mehr Morphium. Aber auch das betäubt den Schmerz irgendwann nicht mehr.

Gibt es wirklich keine Alternative?

Ich habe gehört, es gebe Carbon-Rollatoren und Leichtbau-Rollstühle. Sehen todschick aus, sagt man. Man ist angeblich schneller damit als mit den Gewöhnlichen. Aber was hilft dir das, wenn jede noch so kleine Bewegung schmerzhaft ist?

Sofern du nicht aufhörst, stärkehaltige Kohlenhydrate und Zucker zu essen, bleibt der Schmerz.

Du kannst es dir ruhig aussuchen. Die lieben Teigwaren, das ach so knusprige Brot – oder Schmerzfreiheit. Du hast die Wahl. Niemand zwingt dich, entzündungsfördernde Nahrungsmittel zu essen. Ja, es braucht etwas Disziplin und auch ein Umdenken, um all die Stärke und den Zucker loszulassen und zu ersetzen. Aber der Mensch ist ein Gewohnheitstier. Lebe Dich in deine neue, zuckerfreie Gewohnheit ein – und du wirst sehen: sie ist schlicht super! Erstens verdaust du Früchte und Gemüse viel einfacher als Teigwaren, Reis, Mais, Brot, Kartoffeln. Und zweitens verschwinden die Schmerzen nach und nach. Nein, nicht sofort. Schliesslich hast du ja jahrelang diese Zucker-Kleister Masse in dich hineingestopft. Oder etwa nicht?

Wenn du dann schmerzfrei und wieder voll beweglich bist, kannst ja Deinen Rollator ausschreiben und versteigern. Rheuma kommt nicht zurück – sofern du nicht wieder in alte Gewohnheiten versinkst.

Weisst du noch wie das in der Jugend war? Du bist über Hindernisse gesprungen, hast zwei, drei Treppenstufen gleichzeitig genommen, bist übermütig gehüpft, hast getanzt, dich leicht und schwerelos bewegt. Und heute: jeder einzelne Schritt ist eine Qual. Und noch schlimmer: die Kraft fehlt: Du kannst nicht einmal mehr eine ganz gewöhnliche Wasserflasche aufschrauben.

Es gibt einen Weg zurück zu dieser jugendlichen Beweglichkeit: Null Zucker, Null Stärke und viel, sehr viel Leinöl. Und entgiften, denn du musst die Folgen deiner Zuckersucht aus dem Körper vertreiben. Du musst deinen verzuckerten, Sirup-artigen, gärenden, stinkenden Klärstrom reinigen. Wie, erkläre ich dir später. Streiche zunächst Stärke und Zucker aus deiner Ernährung. Und iss dafür viel, viel mehr Gemüse, Früchte, Beeren.

Regel 3:
Vorsicht Nahrung:
Iss strikt nur, was du auch verdauen kannst!

Essen ist einfach, aber denk daran: alles was du in den Mund steckst müssen deine Organe bearbeiten. Gelingt es ihnen nicht es zu verdauen, kommt es zu Durchfall oder der Körper muss ein Depot bilden. Und da, genau da, beginnen deine Gesundheitsprobleme.

Krankheiten mögen verschiedene Väter haben, aber sie haben immer nur eine Mutter: Nahrung, die dein Körper nicht verdauen kann.

GESUNDHEITSREGEL NR. 4: VOLL FETT

Ich frag jetzt einfach mal ganz direkt: Bist du fett? Ich weiss eine solche Frage ist unanständig – aber du willst ja nicht primär anständig, sondern gesund werden.

Zum Thema Gewicht oder Übergewicht gibt es eigentlich eine zuverlässige Aussage, den BMI (Body Mass Index). Für viele Menschen, meist eher für Frauen, ist das aber nicht der springende Punkt. Ich habe viele gesehen, die gemäss BMI durchaus in der Norm lagen, sich aber trotzdem unwohl und fett fühlten und unbedingt abnehmen wollten. Also geistert der Gedanke vom dünnen Model in vielen Köpfen herum. Voll fett, diese Manipulation eines gesunden Empfindens, nicht wahr?

Sei's drum, kümmern wir uns um die Fette, denn die Meisten denken, dass sie vom Fett fett werden. Und damit beginnt das ganze fettige Problem.

Die meisten neuen Patienten erzählen mir, dass sie gesund essen. Wenn ich dann frage, was denn gesund sei, dann ist eine der ersten Antworten: „Ich esse möglichst wenig Fett".

Gut oder falsch?

Falsch. Und zwar aus zwei Gründen.

- Das wenige Fett, das sie essen ist nicht verdaubares, ungesundes Fett (wäre dem nicht so, würden sie nicht zunehmen).
- Und zweitens: da sie viel zu wenig Fett essen, haben sie auch viel zu wenig Energie um abzunehmen. Abnehmen ist eine Zusatzaufgabe des Organismus. Er tut sie zuverlässig, sofern er genügend Energie dafür hat.

Ja, ich weiss, das Thema Fett ist nicht einfach. Gibt es da nicht LDL und HDL, gute und schlechte Fette, Transfette, kurzkettige und langkettige, Cholesterin, Cholesterol usw.?

Ich kann dich beruhigen. All das ist nicht wichtig. Es ist ein geschickt aufgebautes Verwirrspiel der Pharma-Lobby, um möglichst viele Menschen in eine Tabletten-Abhängigkeit zu führen. [5]

---

[5] Cholesterin – der grosse Bluff:

Am 30. November 2017 hat *Arte* einen Dokumentationsfilm zum Thema Cholesterin ausgestrahlt. Darin wird der Beginn der Behauptung, Cholesterin senke das Herzinfarktrisiko, dokumentiert und danach folgen all die Schritte der Pharma-Lobby um diese Behauptung über Jahrzehnte aufrecht zu erhalten. Die Massnahmen der Pharma Lobby, werden im Film sachlich dokumentiert. Es wird nachgewiesen, wie die Hersteller Angst schüren, wie dreist Behauptungen aufgestellt werden, wie unverfroren Fachberichte und Studien manipuliert wurden. Wie geschickt scheinwissenschaftliche Theorien vom guten und schlechten Cholesterin, von LDL und HDL aufgebaut wurden.

Am Schluss des Filmes wird die Situation heute gezeigt: Millionen und Millionen von Menschen schlucken Cholesterin-Senker – und die Rate der Herz-Kreislauf-Toten ist heute genau gleich hoch wie vor 60 Jahren. All die Menschen, die heute Cholesterin Tabletten schlucken, sind nichts weiter als Versuchskaninchen, die freiwillig dafür zahlen, dass sie unter Nebenwirkungen leiden. Nein, man stirbt nicht direkt an Cholesterin-Senkern, aber so nach und nach verliert man sein gesundes Urteilsvermögen.

Herz-Kreislauf Risiken entstehen heute – wie vor 60 Jahren – immer noch durch Rauchen, Bewegungsarmut, Zucker.

Bitte sieh dir den Film an: http://future.arte.tv/de/cholesterin?http%3A%2F%2Ffuture_arte_tv%2Fde%2Fcholesterin=

Oder auf **Youtube**: https://www.youtube.com/watch?v=xmE8-Pk2vRw

Ganz unter uns: Dein Gehirn benötigt Mengen von Cholesterin. Bitte bewahre dir dein Gedächtnis und deinen gesunden Menschenverstand und schlucke keine Cholesterin-Senker.

Für deine Gesundheit gibt es eine einfachere, viel griffigere Art Fette einzuteilen: deren Verdaubarkeit bzw. deren Auswirkung auf deine Gesundheit. Lass mich das etwas genauer erklären:

Jede Form von Öl und Fett, auch das Fett in Nüssen, Avocado, Fleisch, Milch, Käse usw. ist immer eine Mischung aus unterschiedlichen Omega Fettsäuren. Die Fettsäuren werden eingeteilt in Omega 3, 5, 6, 7, 9. Was musst du dazu wissen?

- Die Fettsäuren 5, 7, 9 sind unproblematisch, dein Körper kann damit gut umgehen.
- Omega 6 ist eine ätzende Säure. Sie verursacht heftige Entzündungen.
- Omega 3 ist der Gegenspieler von Omega 6. Omega 3 gleicht Omega 6 Säure aus. Beide - Omega 3 und 6 - sollten deshalb in unserer Nahrung zu gleichen Teilen enthalten sein, damit es nicht zu Entzündungen kommt.
- Leider enthält unsere „normale" Ernährung viel zu viel Omega 6 Anteile und kaum jemals Omega 3 Fettanteile. Und so kommt es wie es kommen muss: 60 – 80 % aller Menschen in Europa leiden unter Gelenkschmerzen, Muskelschmerzen, Rheuma, Arthritis, Arthrose usw.

Damit du dir das vorstellen kannst:
- Omega 3 „schmiert", es behält also auch als Fettsäure, die „fettige" Elastizität, das Befeuchtende, das Nährende.
- Omega 6 ist eine Säure im Sinne des Wortes: Es greift Gewebe an, zerfrisst selbst Knochen.

Du solltest also, logischerweise, gleich viel Omega 3 wie 6 essen, damit in deinem Körper kein Schaden entsteht.

Tust du das?

In Deutschland wird das Omega 3 : 6 Verhältnis statistisch erfasst. Der Durchschnittswert aller Deutschen liegt bei 1 : 25. Jeder Deutsche hat also 25 Mal mehr Omega 6 Fettsäuren in seinem Gewebe, seinen Muskeln, Knochen, Knorpeln, Adern, Venen eingelagert als Omega 3. Ist das Verhältnis in der Schweiz, in Österreich, Belgien, Frankreich, Italien, Spanien usw. besser? Nein, die Omega 6 Unsitte grassiert beinahe überall.[6]

Im Laufe der Jahre reichert sich das Omega 6 immer weiter an und erreicht ab einem Lebensalter von 35 bis 50 Jahren Werte von 1 : 35, 1 : 50 oder noch höher. Kein Wunder also kommt es zu Alters-Rheuma, Fibromyalgie, Arthritis, Polyarthritis.

Wie alt bist du heute? Du kannst leicht abschätzen, wo ungefähr dein Wert liegt.

Was kannst du tun? Du benötigst Omega 3 und zwar in rauen Mengen. Gute Omega 3 Lieferanten sind:[7]

- Leinöl
- Chia Samen, Chia Öl
- Sacha Inchi Öl
- Fisch
- Fischöl, Krillöl

Neutrale Fette Öle (gleich viel Omega 3 wie 6) sind:
- Butter und Bratbutter
- Kokosfett

---

[6] Die traditionelle japanische Küche mit viel rohem Fisch ist sehr Omega 3 reich. Der Omega 3:6 Durschnitt in Japan lag jahrzehntelang bei 1 : 3; rheumatische Beschwerden waren in Japan so gut wie unbekannt.

[7] Eine Übersicht zu Omega 3 und 6 findest du in Anhang Nr. 1

Du kannst Omega 3 in Form von Fisch- / Krillöl nehmen – aber es macht denkbar wenig Sinn daneben mit der Zufuhr von Omega 6 (Olivenöl, Rapsöl usw.) weiterzufahren. So kommst du nie auf einen Omega 3 Überschuss. Stell deine Küche um. Zum Braten bitte Bratbutter oder Kokosfett - für Salat, Müsli, Dips Leinöl. Bitte verwende ab sofort keine anderen Fette und Öle mehr.

Wie lange dauert der Omega – Umbau in deinem Körper? Jahre! Knochen, Knorpel usw. erneuern sich in Monaten / Jahren.

Ist Leinöl wirklich sinnvoll? Hast du jemals von Johanna Budwig[8] gehört? Sie hat Krebskranke geheilt und zwar die hoffnungslosen Fälle. Was hat sie diesen Patienten verschrieben? Das Budwig Müsli. Hauptbestandteil darin ist Leinöl. Sie empfahl 40 bis 50 g täglich!
Wenn du also etwas suchst, das Rheuma und Co vorbeugt / vertreibt und gleichzeitig Krebs vermeidet, dann hast du es hier gefunden: Leinöl.
Du hast jetzt die Wahl: Der Werbung über das ach so gesunde Olivenöl glauben und deine Schmerzen behalten, oder deine Fette konsequent umstellen. Für mich musst du es nicht tun, ich hatte Polyarthritis und ich habe geschrien vor Schmerzen. Ich weiss wie grauenhaft das ist. Aber ich habe auch erfahren wie Leinöl all diese Entzündungen aufgelöst hat. Ich bin seit langer Zeit völlig schmerzfrei.

Nach meiner Erfahrung benötigst du 2 – 3 Esslöffel Leinöl täglich. Die kannst du einfach so nehmen. Oder möchtest du wissen, wie ich Leinöl

---

[8] Johanna Budwig, Dr., 30.09.1908 in Essen an der Ruhr; † Mai 2003 in Freudenstadt, war eine Apothekerin und Biochemikerin, die durch ihre Öl-Eiweiss Kost bekannt wurde. Sie vertrat die Annahme, dass Krebs heilbar ist.

in meine Ernährung integriert habe? In einem Müsli. Es ist eine super Alternative zum Brot-Frühstück, Brot-Abendessen. Ich nehme:

- 200 – 250 g Magerquark oder Hüttenkäse oder Nature-Joghurt,
- 2 - 3 Esslöffel Leinöl (20 – 30 g). Leinöl so lange in den Magerquark einrühren bis es komplett verschwunden ist,
- 250 – 350 g frische Beeren und Früchte und / oder,
- 40 – 60 g getrocknete Beeren und Früchte,
- Zimt und oder Kurkuma darüber streuen, einrühren,
- auf Wunsch 1 kleiner Teelöffel Honig oder Agavendicksaft oder Stevia, Xylit oder Bienen-Pollen.

So zusammengestellt ergibt sich eine Mahlzeit von rund 400 Kalorien.

PS 1: Fast hätte ich es vergessen, da ist ja noch das Thema Übergewicht. Übergewicht wird immer durch folgende Faktoren verursacht:

- Falsche Fette bzw. ein falsches Omega 3 : 6 Verhältnis
- Zucker-, Stärke-haltige Nahrungsmittel
- Verdauungsorgane, die nicht wirklich leistungsfähig sind
- tiefes Energieniveau: aus dem Essen kann der Organismus zu wenig Energie generieren.

PS 2: Noch ein Wort zu Cholesterin, denn zu Cholesterin gibt es abstruse Informationen; dabei ist es rein natürlich und eine wichtige körpereigene Substanz. Was denkst du, wo hast du am meisten Cholesterin? Cholesterin ist im ganzen Körper vorhanden, aber im Gehirn haben wir die höchste Konzentration. Als Kleinkind beginnen wir zu lernen, in der Schule und Ausbildung geht das weiter. Schon als Kind „vergrössern" wir unser Gehirn laufend und damit nimmt auch die Cholesterin-Menge zu. Später im Berufsleben mit Weiterbildung, den Aktualitäten, mit Fremdsprachen lernen, durch Zeitung, Fernsehen, Ferienerlebnisse usw. geht das weiter. Wir stopfen ein Leben lang Informationen in unser Gehirn und erwarten, dass es sich laufend anpasst und vergrössert. In aller Regel tut es das problemlos – sofern auch die Cholesterin-Masse zunimmt.

Wer um alles in der Welt kam auf die hirnrissige Idee, Cholesterin zu senken? Will derjenige, dass wir Menschen verblöden, die Erinnerungen, das Gedächtnis verlieren?

Du kannst wählen: Cholesterinsenker oder ein vitales, leistungsfähiges Gedächtnis – und zwar bis zum Tod.

Regel 4:
Iss ganz konsequent nur verdaubare Fette!

Das Thema Fett und Öle ist ganz einfach. Verdauen kannst du Butter, Bratbutter, Kokosfett und Leinöl. Leinöl verliert seinen Omega 3 Gehalt, wenn du es erwärmst. Nimm also Bratbutter oder Kokosfett zum Braten und erhitzen und für alles andere Leinöl. Diese Fette kannst du gut verdauen und sie machen dich nicht dick.

GESUNDHEITSREGEL NR. 5: WERDE NICHT WIE LOTS WEIB!

Lot wurde von Engeln aus der sündigen Stadt Sodom herausgeführt, doch Lots Weib drehte sich um und erstarrte zur Salzsäule. Gibt es das heute auch?

Ja!

Die Mediziner nennen es Arthrose: verkalkte, versteinerte Gelenke. Oder auch Arterienverkalkung (Arteriosklerose), Gehirnverkalkung (Gefässverkalkung). Ein Schlaganfall, Demenz, Alzheimer usw. sind dann nicht mehr weit weg.

Woher kommt all dieser Kalk, all dieses Calcium?

Calcium haben wir im Überfluss in der Nahrung und meist auch im Wasser. An sich ist das für unseren Organismus kein Problem. Sofern er genügend Spurenelemente zur Verfügung hat, kann er den Überschuss einfach entsorgen.

Hat er ungenügende Mengen an Bor, D3, K2, Magnesium kann er das nicht. Dann beginnt er Depots anzulegen, d.h. er lagert Kalk in Arterien, in der Schulter, den Fingergelenken, dem Gehirn usw. ab.

Wenn du Gelenkschmerzen hast oder sogar schon beginnende Deformationen, dann kannst du weiterhin dem Geschwafel über „Abnützung" und „Alter" zuhören oder aber du wirst aktiv und hilfst deinem Körper, die Kalk-Versteifungen los zu werden.

Du hast nur diese beiden Möglichkeiten. Wenn du dem Geschwafel glaubst, dann hast du schon verloren. Dann solltest du umgehend jemanden suchen, der dir hilft, dich pflegt, der deinen Rollstuhl schiebt.

Andererseits, wenn du dem dummen Geschwätz nicht glaubst, sondern auf die Selbstheilungskräfte deines Organismus vertraust und ihn kräftig unterstützt, dann kannst du gelenkig, und vital bleiben bis ins höchste Alter. Ich zeige dir wie das geht.

Wie reinigst du dein Bad, deine Küche? Ich meine wie entfernst du Kalk? Mit Essig oder Zitrone, nicht wahr? Genau das Gleiche gilt für deine Kalk-Einlagerungen. Rezepte dazu findest du im Anhang Nr. 2.

Die bestehenden Einlagerungen abbauen ist das Eine. Das Andere ist, die immer weiter gehende Einlagerung in deine Gelenke und Arterien zu unterbinden oder umzudrehen. Was benötigst du dazu? Ich sagte es schon: Bor, D, K, Magnesium bzw. Mineralien und Spurenelemente. Und zwar in rauen Mengen.

Bor ist vermutlich die am wenigsten bekannte Substanz, deshalb hier die Liste, was Bor bewirkt: Bor (englisch: Boron)

- baut Knochen auf (hilft dem Organismus Calcium richtig zu verwenden),
- baut pathologische Verkalkungen in Gewebe, in Organen, in Gelenken ab (macht Arterienverkalkung rückgängig!),
- hilft Knochenbrüche rasch auszuheilen,
- harmonisiert den Hormonhaushalt,
- verbessert Zellmembranfunktionen (und wirkt dadurch positiv bei Alzheimer, Krebs).[9]

---

[9] Mehr zu Bor findest du hier: http://www.wacher-geist.ch/borax-wie-es-auf-die-gesundheit-wirkt/

Regel 5:
Vermeide Verkalkung,
denn tödlich leise rieselt der Kalk!

Gemäss Statistik leiden 80 bis 90% aller alten Menschen an Kalkeinlagerungen in irgendeiner Form. Du hast also die besten Aussichten, genauso immobil, verkalkt, versteinert zu werden wie Lots Weib. Heute passiert das nicht mehr plötzlich, sondern viel „komfortabler" über Stöcke, Rollator, Rollstuhl, Krankenbett. Aber es ist immer noch mit höllischen Schmerzen verbunden.

Genau diese Zukunft hast du vor dir, wenn du nicht aktiv wirst und deinem Körper hilfst, Kalk auszuwaschen und neue Einlagerungen aufzuhalten. Nimm Zitrone, Apfelessig, Bor, K2, D3, Magnesium! Und bewege dich - täglich!

GESUNDHEITSREGEL NR. 6: NUTZE GREEN POWER!

Wir leben in einer Umwelt, die alles andere als heil ist. Unsere Organe sind vielfältigen Belastungen ausgesetzt wie die Liste in Anhang Nr. 3 zeigt. Allein schon aus diesem Grund sind Entgiften, Entsäuern, Entschlacken lebenslange Aufgaben.

Wie schlimm die Belastungen für unseren Organismus sind, erfahren wir nur bruchstückhaft. Die Spätfolgen der vielfältigen und immer noch zunehmenden Strahlenbelastung beispielsweise, kennt man nur andeutungsweise. Man ahnt dunkel, dass das nicht gut gehen wird, aber da wir alle nicht mehr auf Handy, Computer, Photovoltaik, TGV, ICE usw. verzichten möchten, möchten wir es auch gar nicht so genau wissen.

Hilft diese Einstellung unserem Organismus? Nein, gar nicht. Er steht mitten drin und muss es ausbaden. Wie können wir unser System entgiften, vor diesen vielfältigen Umwelteinflüssen schützen? Nun, Feuer bekämpft man am besten mit einem Gegen-Feuer. Umwelteinflüsse, Umweltschäden somit mit Umwelt-Urkraft. Wo finden wir die? In der Green-Power.

Sicher kennst du Spirulina und Chlorella. Sie werden bei Metall- und Schwermetallbelastungen empfohlen. Helfen sie auch gegen den Cocktail von belastenden Substanzen, die uns die Spritzmittelhersteller, die chemische Industrie, die Nahrungsmittelhersteller, die Handy-Betreiber usw. bescheren?

Ja, Grünzeug ist die wirkungsvollste Umweltschäden-Ausleitung.

Möchtest du wissen, wie ich meine chronische Müdigkeit, die Nervenzerrüttung, mein latentes Burnout, die vielfältigen Schmerzen, die allgegenwärtigen Zipperlein, kurz all meine Umweltschäden losgeworden bin? Und wie ich mich vor all dem Umweltsmog laufend schütze? Ich mache Smoothies. Da packe ich so viel stärkende und gleichzeitig entgiftende Sonnenkraft hinein wie nur möglich. Meine Smoothies mache ich wie folgt:

- Zuerst gebe ich reines Wasser oder Gemüsesaft oder sehr stark verdünnten Fruchtsaft in den Hochleistungsmixer, es soll ja ein Getränk werden. Dann füge ich zu:
- frische (Wild-) Pflanzen wie z.b. Löwenzahn, Spitzwegerich, Giersch, Melisse, Basilikum, Petersilie, Schnittlauch,
- Entgiftungs-Pflanzen wie Thymian, Oregano, Salbei, Minze (frisch oder getrocknet),
- einen gehäuften Löffel Grünpflanzen-Konzentrat mit Chlorella, Spirulina, Weizengras, Gerstengras, Weisstee, Grüntee, Alfalfa, Kurkuma, Knoblauch, Ingwer, Goji, Acai,
  das Konzentrat Pulver enthält zudem Adaptogene, also Eleuthero, Rhodiola, Ashwagandha, Ginseng usw.,
  sowie Pilze wie Maitake, Cordyceps, Reishi, Shitake, Agaricus,
- dazu gebe ich dann, für den Geschmack und je nach Lust und Laune: Bananen, Aprikosen, Wassermelonen, Gurken, Spinat, Salat- oder Kohlblätter usw. Ich achte darauf, dass ich nicht bloss Beeren und Früchte, sondern immer auch reichlich grüne Gemüse beifüge,
- und am Schluss gebe ich einen Esslöffel Leinöl dazu

Ja, ich höre den Seufzer: „Uff, kompliziert." Mach es dir einfach: Such ein Green-Power Pulver, das eine möglichst komplette Mischung enthält: verschiedene Gräser, Wildpflanzen, Grüntee, Alfalfa, Pilze, Gewürze, Adaptogene usw. Dieses Pulver kannst du dann mit Kräutern aus dem Garten, mit grünem Gemüse und Früchten ergänzen.
Ja, du kannst auch einfach nur Weizengras oder Chlorella kaufen. Dann hast du ein einfaches, kleines Sackmesser. Das ist schon mal das, damit

kriegst du Spitzmäuse platt. Dummerweise sind die Umweltbelastungen keine niedlichen Mäuse, das sind ausgewachsene Tiger, Löwen, Hyänen. Nutze also die volle, geballte Green-Power Kraft.

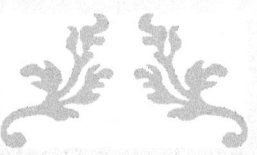

Regel 6:
Nutze die volle Green-Power Urkraft!

Wir leben in einer sehr interessanten Zeit – die leider jede Menge belastende Umwelteinflüsse und Umweltgifte bereithält. Feuer bekämpft man am besten mit Gegen-Feuer, Umweltgifte mit Umwelt-Natur-Urkraft. Bereite dir täglich einen Green-Power Smoothie zu, in den du so viel Natur-Entgiftungskraft als irgend möglich hineinmixt.

GESUNDHEITSREGEL NR. 7: KÄMPFE DEN KAMPF DES GERECHTEN!

Entgiften, das sahen wir, ist eine Daueraufgabe, denn unsere Umwelt ist belastet.

Haben wir noch andere Dinge, die unser normales Leben belasten, behindern, stören, verkürzen - Dinge die uns krank machen? Leider ja. Und was für welche! Wir Menschen sind die am höchsten entwickelte Lebensform, entsprechend gross ist das Geschmeiss, das in irgendeiner Weise davon profitieren möchte. Ja, ich spreche hier von Viren, Bakterien, Parasiten, Würmern, Pilzen, Prionen.

Wenn dich jemand anhustet im öV, dann kriegst du eine fette Ladung dieser Erreger, und dein Risiko zu erkranken ist entsprechend hoch. Aber diese Keime sind nicht nur dann um dich herum, sondern immer. Sie sind im wahrsten Sinne des Wortes allgegenwärtig.

Hast du zu Hause eine Fruchtschale? Hast du dich auch schon gewundert, woher all die kleinen Fliegen kommen? Gestern war da noch nichts und heute sind es Hunderte. Gestern waren alle Früchte noch intakt, heute hat es faulige Stellen.

Hast du einen Essensrest in den Kühlschrank gestellt und wunderst dich wenige Tage danach, dass er Schimmel angesetzt hat?

Es ist einfach so, wir sind umgeben von Pilzen, Viren, Bakterien, Parasiten.

Es gibt wenige Dinge, die lange haltbar sind, die nicht angegriffen werden, die nicht gammeln: Teigwaren, Cornflakes, Zucker. Die Krux ist bloss: wenn selbst die ganze Armada von Zersetzungsbakterien die Cerealien, Teigwaren usw. nicht kleinkriegen, wie sollte unsere Magen-Darm damit klar kommen?

Unmöglich.

Also hör auf, sie zu essen. Das sahen wir bei Regel Nr. 3.

Hier nun müssen wir uns überlegen, wie wir mit den Viren, Bakterien usw. fertig werden.

Was höre ich, du hast keine? Hast aber trotzdem mehrmals pro Jahr Sinusitis, Blasen-Entzündung, Grippe, Hautausschlag, Tinnitus, Durchfall, Verstopfung, aufgeschwollene Beine, Triefnase, Mens-Schmerzen, Herpes, Aphten usw.?

Was denkst du, woher kommt das?

Aus dem Internet kommt es nicht, das ist mal sicher. Es sind handfeste Bazillen und sie sind in dir. Und leider gar nicht positiv gesinnt. Ganz im Gegenteil, führen sie einen Angriff nach dem anderen, denn sie wollen leben, sich vermehren. Auf deine Kosten.

Ob du willst oder nicht, du musst gegen sie vorgehen. Sonst fressen sie dich auf, früher oder später. Das Auffressen beginnt mit Grippe und endet mit MS, Morbus Crohn, Alzheimer, Heuschnupfen, Krebs, Autoimmunerkrankung.

Du tust also gut daran, dein Haus so rein wie irgend möglich zu halten. Beginne heute, es zu reinigen.

Wie geht die Schulmedizin vor? Sie setzt Antibiotika ein, oft leider erst, wenn es schon brennt. Hilft das? Vordergründig oft ja. Beseitigt es die Erreger? Meist leider unvollständig, denn Antibiotika wirkt gegen Bakterien, nicht aber gegen Viren, Pilze, Prione, Parasiten. Dagegen braucht es mehr.

Es braud Dir das bewusst: Antibiotika ist eine starre, chemische Formel. Sie wirkt nur so lange, als der Erreger nicht mutiert ist. Er mutiert aber, er ist ja lebendig.

Also benötigst du etwas, das mit den Mutationen Schritt hält. Und das findest du in der Pflanzenwelt. Pflanzen unterliegen den gleichen Umweltbedingungen wie Bazillen, sie halten Schritt.

Doch welche Pflanze, wie verarbeitet, wie dosiert? Da beginnt die grosse Kunst.

Pflanzliche Antibiotika: ätherische Öle

Thymian, Oregano, Nelken, Rosmarin, Grapefruitkernextrakt, Wachholder, Myrrhe, Minze, Zimt und viele weitere Pflanzen haben ein wunderbar breites Wirkspektrum: Antiviral, antiparasitär, antimukoid, antibakteriell. Also das, was wir wollen: sie wirken gegen Viren, Parasiten, Pilze, Bakterien, Prionen.

Die höchste Konzentration an Pflanzenwirkstoffen finden wir in den ätherischen Ölen.[10] Hoch konzentrierte Munition gegen alles, was unser menschliches Leben bedroht, belastet, verkürzt. In Frankreich werden Mischungen von ätherischen Ölen gegen Grippe, Mittelohrentzündung, Parasitenbefall, Sinusitis, Herpes, Helicobacter usw. angeboten. Diese Mischungen haben den grossen Vorteil, dass sie einerseits erheblich breiter wirken als Antibiotika und andererseits keine Nebenwirkungen haben. Zudem sind sie vergleichsweise billig.

Wenn du also irgendein chronisches Leiden hast, dann such dir einen Spezialisten, der dir eine Mischung herstellt.

Wenn du deine Belastung nicht genau kennst, dann hilft diese Rezeptur:[11]

---

[10] In meiner Praxis setze ich auch spezielle Homöopathie gegen erkannte Viren, Parasiten, Prionen usw. ein. Dieses Verfahren erhöht die Schlagkraft, setzt aber eine individuelle Analyse voraus und kann deshalb hier nicht dargestellt werden.

[11] Composition HES Purifiant HE der Pharmacie des Eaux Vives in Genf.

mg	Latein	Deutsch
05	Carum carvi	echter Kümmel
10	Juniperus communis	gemeiner Wachholder
25	Rosmarinus ABV	Rosmarin
10	Mentha piperita	Pfefferminze
05	Laurus nobilis	echter Lorbeer
20	Anethum graveolens	Dill, Gurkenkraut
25	Ocimum basilicum	Basilikum

Wie wichtig ist der Krieg gegen Bazillen?
Schätzungen zu Folge sind 80 bis 90 % aller Menschen mit Helicobacter-Bakterien belastet. Etwa 50 bis 60 % tragen Cytomegalie-, Eppstein-Barr-, Herpes-, Influenza-, Adeno-Viren mit sich herum. Und bei den Pilzen und Parasiten sieht es nicht besser aus. Ausser Müdigkeit, gelegentliches Unwohlsein spürst du kaum etwas davon; das ist normal. Die Erreger wollen gar nicht erkannt werden, sonst wirst du ja aktiv, gehst zum Arzt und holst Antibiotika. Selbst Parasiten „spürt" man im Alltag nicht zwangsläufig. Amöben, Leberegel, Würmer können ihr Unwesen über lange Zeit unbemerkt treiben. Nichts desto trotz sind sie für deinen Organismus eine enorme Belastung. Sie sorgen unter anderem dafür, dass das obersaure Klima in deinem Körper schön giftig-sauer bleibt. Und sie bereiten, still und unheimlich, Krankheiten wie Heuschnupfen, MS, Leaky Gut, Asthma, Autoimmunerkrankungen und vor allem auch Krebs vor.
Natürlich darfst du weiterhin unwissend gastfreundlich sein und all das Gesocks dulden und schicksalsergeben hoffen, dass es dich nicht trifft, dass all die Erreger dein Leben nicht zur Hölle machen. Sei mir nicht böse, aber ich kann dir da keine Garantie geben; keine, nicht einmal für den nächsten Monat.

Und ich kann auch nicht für dich kämpfen. Das musst du selbst tun. Geh zum Spezialisten, zur spezialisierten Apotheke, ruf in Genf an. Je eher du zu kämpfen beginnst, umso eher bist du das Gewimmel los. Und wenn du denkst, du bist deine Belastungen los, dann denke daran: 60 – 90 % aller Menschen um dich herum tragen aggressive Mikroben in sich. Die Bösewichte sind also nie weit weg von dir. Du tust gut daran, ätherische Öle immer einzunehmen.

Wenn du dann über Monate von deinen chronischen Belastungen frei bist, keine Schmerzen mehr hast, Hüpfen und Springen kannst wie in der Jugend, dann genügt auch eine Nummer kleiner, dann muss es nicht mehr die ganze Rezeptur der Genfer Apotheke sein. Für die tägliche Reinigung gibt es z.B. Tabletten mit Oreganoöl, Ingwer, Fenchel.

Ja, ich sehe es dir an: Du zweifelst und denkst: Ist es wirklich so, sind da immer Erreger um uns herum? Ich gebe dir ein Beispiel: Kennst du Mücken? Ich meine diese kleinen, lästigen Dinger. Sie wiegen keine 2 g, sind fragil und lotterig gebaut, aber sie haben einen höchst wirkungsvollen Stachel, dringen durch deine Haut bis sie Blutgefässe finden. Ist das nicht unglaublich? Diese kleinen, mickrigen Dinger und so aggressiv?

Ich bin sicher du lockst die Mücken nicht speziell herbei und wenn sie da sind, möchtest du sie am liebsten verscheuchen. Nützt das etwas? Nein. Die Mücken sind von Natur aus da, und aggressiv und sie stechen. Dabei sind Mücken vergleichsweise harmlos. Zecken sind viel mieser. Ich sah etliche Patienten mit jahrelangen Lähmungserscheinungen. Erst der massive Einsatz von ätherischen Ölen bereitete dem Spuck ein Ende.

Leider gibt es nicht nur sicht- und spürbare Angreifer wie Mücken und Zecken. Heimtückisch sind all die Viren, Bakterien, Parasiten, die wir nicht unbedingt sofort spüren. Aber selbst wenn wir sie nicht (sofort) spüren, glaub mir, sie sind allgegenwärtig, heimtückisch, aggressiv und kennen nur eines: ihr eigenes Überleben. Und das heisst für dich Belastung, Behinderung, Schmerzen, Krankheit und zwar bis hin zu Krebs. Du tust gut daran, dich zu verteidigen. Beschaffe dir ätherische Öle.

Regel 7:
Nutze ätherische Öle!

Glaube mir, hinter jeder Krankheit, wirklich hinter jedem Leiden, stehen Erreger. Das gilt für Grippe genauso wie für Hautausschlag, offene Beine, Migräne, Rheuma, Asthma, Herz-Kreislaufprobleme, MS, Parkinson, Krebs usw. usw.
Die wirkungsvollste Waffe, die wir dagegen haben, sind ätherische Öle. Nur sie werden zuverlässig fertig mit Viren, Pilzen, Parasiten, Bakterien, Prionen. Sie haben den grossen Vorteil, dass sie keine Nebenwirkungen produzieren und zudem vergleichsweise billig sind.

GESUNDHEITSREGEL NR. 8: BEFREIE DEINE ORGANE!

Genügen ätherische Öle, um gesund zu bleiben?
Nun, sie helfen dir und deinen Organen, die gröbsten die massivsten
Belastungen los zu werden. Aber es ist wie in deiner Wohnung. Da ist
neben Dreck auch noch Staub. Woher der kommt, weiss der Himmel,
aber er ist da bzw. wird jeden Tag neu geliefert, gratis und franko, frei
Haus. Das ist leider Tatsache.
Die Organe leiden darunter. Es ist, als kriegten sie nicht genug Luft zum
Atmen, sie werden langsam, arbeiten nur mehr mit viel Mühe.
Also bleibt die Frage: wie kannst du diese tägliche Staubschicht loswer-
den?

Wer hält dich eigentlich gesund? Das Immunsystem? Ja, und zwar mit
Hilfe der Organe. Sie sichern die Lebensfunktionen. Das Herz gibt den
Takt an, die Lungen versorgen die Organe mit Sauerstoff, der Magen-
Darm versorgt sie mit Vitalstoffen, die Leber hilft verdauen und entgif-
ten, die Nieren regeln den Wasserhaushalt usw.
Die moderne Medizin gaukelt dir vor, dass man Organe, Gelenke usw.
ersetzen kann. Mach dir nichts vor, sehr viele Patienten kommen zu mir,
weil sie nach Gallenoperation, Lebertransplantation, nach einem künst-
lichen Gelenk erst recht Schmerzen und Probleme haben.
Du tust also gut daran, deine Organe zu pflegen.
Schön wäre, man könnte sie herausnehmen, sauber putzen, ölen. Ent-
schuldige, jetzt bin ich da auch in medizinisches Denken abgerutscht.
Herausnehmen und putzen ist überhaupt nicht notwendig. Und ersetzen – mit wenigen Ausnahmen – auch nicht.

Mein Vater und meine Mutter sind beide an Herz-Themen gestorben.
Ich habe also eine doppelte Herz-Kreislaufschwäche geerbt – und bin

denn auch zweimal ohnmächtig geworden, hingefallen und erst im Spital nach Betreuung wieder aufgewacht. Mein Herz hatte Aussetzer, mein Blutdruck war denkbar tief, es schien als würde meine Pumpe überhaupt nicht wirklich richtig pumpen. Habe ich einen Herzschrittmacher? Bin ich frühzeitig gestorben?

Nein. Ich habe mein Herz gepflegt.

Funktioniert das?

Aber sicher! Man kann die Organe pflegen, sie von der ständigen Staubschicht befreien.

Du denkst, du hast keine solche Belastung?

Das nimmt mich jetzt echt wunder: Sag mir, wie machst du das, dass bei dir kein Staub fällt, dass nicht alles einstaubt?

Und noch eine Frage:

Hast du bei deiner letzten Hals-Nasen-Ohren Geschichte mit Kamille, Lindenblüte, Salbei, Thymian inhaliert oder hast du Chemie genommen?

Hast du, als du Magen-Darmprobleme hattest, einen Tee oder eine Urtinkturmischung mit Fenchel, Kümmel, Frauenmantel, Stiefmütterchen getrunken oder hast du Chemie genommen?

Was verwendest du? Chemie oder Pflanzenkraft?

Ich meine, was nimmst du bei Verstopfung, Magen-Darm-Problemen, Erkältung, chronischem Husten, Nierenschmerzen, Kopfweh, Tinnitus, Asthma, Gelenkschmerzen, Hautausschlag?

Wie lange ist es her, dass du pflanzliche, natürliche Mittel angewandt hast?

Monate? Jahre?

Dann ist die Staubschicht auf deinen Organen wohl etliche Zentimeter dick. Oder es ist bereits ein Dornengestrüpp da wie bei Dornröschen.

Funktionsschwächen der Organe, Schmerzen begegnet man am besten mit Pflanzenkraft: Urtinkturtropfen, Pflanzentabletten/Kräutermischungen, Spagyrik, Tee. Die Wirkung der Kräuter ist seit Jahrtausenden erforscht, es gibt wohl keine anderen Mittel, die so vielfältig hinterfragt worden sind wie Pflanzen.

Wende sie also an. Ich liste dir hier als Beispiel einige bewährte Pflanzenmischungen auf:[12]

Magen-Darm Urtinkturmischung	Leber-Galle Urtinkturmischung	Pflege der Atemwege Urtinkturmischung	Herz-Kreislauf Urtinkturmischung
Mentae	Taraxacum	Equisetum	Crataegus
Millefoli	Cynara scol.	Petasites	Leonurus
Melissae	Centauri	Tropaeolum	Melissae
Absinthum	Menthae	Chamomilla	Passiflora
Matricariae	Carvi	Primula	Avena Sativa
Centauri		Thymus	Cactus grandiflor
Carvi aetheroleum			Lycopus
			Rosmarini

[12] Eigen-Rezepturen sowie Rezepturen von P. Brechbühl, Drogerie, Sigriswil sowie L. Hutter, Heilpraktiker, St. Gallen

Niere Kräutermischung	Gelenke Knorpel, Knochen*	Nebenniere Hormonsystem Kräutermischung	Nerven Urtinkturmischung
Cranberry, Moosbeere	Equisetum arvense	Eleutherococcus	Avena sativa
Kletten Labkraut	Plantago major	Ginseng	Lanvendula
Corn Silk, Mais	Ulmus rubra	Ashwagandha	Cinamom
Löwenzahn	Arctium lappa	Rhodiola	Eleutherococcus
Gelbwurz	Turmeric		Hypericum
	Comniphora Molmol		Melissae
			Passiflora
			Petasites

*je nach Situation zu ergänzen mit Mineralien (Bor, K2, Calcium, Magnesium, Mangan, Zink), Vitaminen C und E sowie Collagen und Glucosaminen.

Regel 8:
Befreie und regeneriere deine Organe!

Pflanzenmischungen helfen den Organen sich von Belastungen zu befreien. Pflanzenkraft ist die effizienteste Regenerationshilfe. Wenn du Senker, Blocker, Verdünner usw. vermeiden oder loswerden möchtest, dann pflege deine Organe. Hilf ihnen mit Kräutermischungen zu regenerieren und du wirst wahre, echte Wunder erleben.

GESUNDHEITSREGEL NR. 9: VITALSTOFFE

Ich habe viele Seminare und Vorträge gegeben und war gut dokumentiert mit Studien, Statistiken, Laboranalysen. Ich habe schlüssig und gut verständlich nachgewiesen, dass das, was wir heute an Nahrungsmitteln kaufen können, nur mehr ein Schatten dessen ist, was es mal war. Ja, ich spreche vom Nährwertgehalt, vom Gehalt an Vitaminen und Mineralien. Heutige Früchte und Gemüse sind denkbar nährwertarm.

Haben es die Leute geglaubt und gehandelt, sich Vitamintabletten besorgt? Einige wenige vielleicht, aber die meisten haben die Schulter gezuckt und sind nach Hause gegangen.

Ich kam mir vor wie der Rufer in der Wüste – und habe es schliesslich aufgegeben.

Es war ganz offensichtlich ein Thema, das niemanden interessierte oder aber die Menschen haben der Werbung geglaubt: Vitamine sind nicht notwendig und wenn ja, bitte ganz vorsichtig, es drohen Überdosierungen.

Was sagen Statistiken? Nehmen Krankheiten ab, sind alle Menschen gesund und glücklich?

Pustekuchen. Das Gegenteil ist wahr: die Zahl der Diabetes-, Demenz-, Krebs-, Herz-Kreislauf-, Rheuma- Kranken hat in den letzten 30 Jahren massiv zugenommen.

Diese Tatsache war der Grund, warum ich mit Vorträgen angefangen habe. Ich bin auch heute noch ganz baff, dass die Leute es einfach nicht hören wollen, dass sie ganz freiwillig in Krankheiten hineinlaufen, die sie problemlos vermeiden könnten.

Was höre ich, du bist nicht so?

Also gut: Hand aufs Herz: Wie ist das beim Treppensteigen? Nimmst du immer noch leichtfüssig und beschwingt zwei Stufen auf einmal wie in der Jugend oder bist du nach wenigen Stufen ausser Puste?

Ausser Puste heisst: Dein Herz versucht eine Höchstleistung zu vollbringen, aber es kann nicht. Es hat das notwendige Benzin nicht. Dein Herz ist ein Muskel. Jeder Muskel benötigt Mineralien, allen voran Magnesium. Wie viele Bananen isst du täglich? Dein Herz benötigt, grob geschätzt, 3 Bananen pro Tag – und dann hast du erst dein Herz versorgt, aber du hast ja auch noch Armmuskeln, Waden usw. nicht wahr?

Ich will nicht den Teufel an die Wand malen, aber wenn du so rasch ausser Puste kommst: was passiert wenn das Herz gar nicht mehr kann? Der Tod ist dann nicht mehr weit. Dann heisst es: fertig lustig, aus die Maus.

Bist du immer noch der Ansicht du benötigst keine Vitamine?

In einem Punkt hast du recht: du benötigst keine synthetisch hergestellten Vitamine. Die erkennt dein Organismus kaum, die kann er nicht nutzen, die muss er mühsam entsorgen. Die sind kontraproduktiv oder sogar gefährlich.

Aber Vitamine, Mineralien und Spurenelemente auf der Basis von Früchten-, Gemüse-, Wildbeeren-, usw. Konzentraten, die benötigst du unbedingt. Und zwar in rauen Mengen. Die sind auch in keiner Art und Weise gefährlich, denn du isst Früchte, Gemüse, Gräser, Pilze, Beeren, Wildkräuter, Heilkräuter usw. also nur Dinge, die dein Organismus kennt und problemlos verarbeiten kann.

Diese Art von Nahrungsergänzung ist in Europa wenig bekannt und kaum erhältlich, in den USA überbieten sich die Hersteller: die einen haben ein Produkt basierend auf 12 natürlichen Substanzen, die Nächsten haben 30, die übernächsten 50 usw.

Und, denkst du immer noch, Vitamine und Mineralien seien nicht wichtig?

Ok, ich gebe dir noch ein Bespiel:

Hast du jemals versucht deinen 220 Volt Haartrockner an eine Steck-
dose mit 110 Volt anzuschliessen? Wie viel warme Luft hast du da ge-
kriegt? Ein kleines, laues Lüftchen höchstens.

Dein Trockner benötigt 220 Volt um richtig kräftig und heiss zu blasen.
Genau so sind deine Organe. Sie benötigen natürliche Vitalstoffe, um
aktiv, kräftig, vital zu arbeiten.

Na, habe ich dich überzeugt?
Wenn nicht, dann schlage das Buch zu. Du darfst gerne in deinen Leiden
und Gebrechen bleiben – ich muss sie glücklicherweise nicht tragen –
du allein hast die Schmerzen und Probleme. Ich habe meine eigenen
zum Glück seit Jahren überwunden. Du bist deines Glückes Schmied. Die
Entscheidung liegt bei dir. Ich kann dir nur aufzählen, was du benötigst,
um gesund zu werden. Gesund werden musst du schon selbst.

Möchtest du also konkret beginnen? Super, gut, ok, das freut mich! Ich
zeige dir wie ich meine Organe befreit und ihnen zur Regeneration ver-
holfen habe.

a) Multivitamin

Ich nahm (und nehme auch heute täglich) ein Super-Multivitamin, Mul-
timineral. Davon nahm ich zu Beginn die dreifache empfohlene Menge
um meine leeren Vitalstoff-Depots aufzufüllen. Im Laufe der Zeit habe
ich viele Multivitamine ausprobiert, meine Empfehlungen findest du im
Anhang. Das Multivitamin sichert die Grundversorgung der Organe.

b) Verstopfung

Ich war damals übergewichtig und chronisch verstopft und mir war klar, dass ich auf eine Entgiftungs-Reise ging und dass der Organismus zwingend auf regelmässige Ausscheidung angewiesen war. Ich habe meine Ernährung umgestellt und zudem Colon Cleanse green genommen und zwar so hoch dosiert, dass ich mindestens jeden Tag einmal zur Toilette gehen konnte. Mein Organismus benötigte Monate um den Stuhlgang zu normalisieren – er funktioniert jetzt glücklicherweise seit Jahrzehnten problemlos und ohne Unterstützung. Durch die Ernährungsumstellung und Stuhl-Regelung nahm ich auch kontinuierlich 4 – 5 kg monatlich ab. Ich halte mein Ideal-Gewicht seit Jahrzehnten problemlos.

c) Hauptthema, Schwachstelle

Ich hatte Herzrhythmusstörungen und Hämorrhoiden. Ich habe analysiert, welche Erreger diese Probleme verursachen und fand Viren und Pilze. Ich habe mir antiviral und antimukoid wirkende ätherische Öle mixen lassen und die während Monaten genommen. Gleichzeitig habe ich mir Urtinkturtropfen für Herz-Kreislauf und für Venenschwäche besorgt und die ebenfalls genommen.

Mein Organismus benötigte etwa drei Jahre, um das Herz-Kreislauf Thema vollständig zu regenerieren. In all dieser Zeit nahm ich Herz-Kreislauftropfen. Die Regeneration ging in Stufen. Die Hämorrhoiden jucken nicht mehr, brachen aber in unregelmässigen Abständen noch auf und bluteten. Bei jeder Blutung nahm ich erneut einen Monat lang ätherische Öle. Die Urtinkturtropfen nahm ich die ganzen drei Jahre ununterbrochen. Die Blutungen verloren sich im Laufe der Zeit und blieben schliesslich ganz aus. Mein Herzschlag wurde regelmässig, meine heftigen Oberarmschmerzen verschwanden und heute mache ich – mit demnächst 75 Jahren – regelmässig anspruchsvolle Bergtouren. Mein

Herz macht das problemlos mit. Ich unterstütze es zwei bis dreimal im Jahr mit Herz-Kreislauftropfen.

d) Reinigungsplan

Da in unserem Körper alles mit allem zusammenhängt, ist es wichtig, alle Organe zu pflegen. Neben Multivitamin, Colon Cleanse green sowie Herz-Kreislauf habe ich Kräutermischungen bzw. Urtinkturtropfen nach folgendem Plan genommen:

Monat 1	Magen-Darm
Monat 2	Leber-Galle
Monat 3	Herz-Kreislauf (habe ich übersprungen, da ich Herz-Kreislauf ja dauernd unterstützte)
Monat 4	Atemsystem
Monat 5	Niere-Blase
Monat 6	Milz, Blutsystem
Monat 7	Lymphsystem
Monat 8	Hormonsystem, Hormon produzierende Organe
Monat 9	Nervensystem
Monat 10	Gelenke, Sehnen, Bänder

Nach dem zehnten Monat habe ich wieder mit Magen-Darm-Tropfen begonnen. Beim zweiten „Durchlauf" bin ich drei Monate im Thema Atemsystem geblieben, weil ich eine gewisse Sinusitis-Anfälligkeit hatte. Ich habe den Plan den erkannten Schwächen angepasst.

e) Säure- Base, Green-Power

Natürlich habe ich bei der Nahrungsumstellung auch entsäuert. Im Laufe der Zeit habe ich zusätzlich auch Green-Smoothies in meine Ernährung mit aufgenommen. Alles was ich dir hier im Buch vorstelle, habe ich mir im Laufe der Zeit erarbeitet, bei mir und bei Tausenden Patienten erprobt. Ich durfte miterleben

- wie jahrelange Gelenkschmerzen nach und nach verschwanden,
- wie Kopfweh, Migräne verschwanden und nie mehr auftauchten,
- wie quälende Heuschnupfen einfach ausblieben,
- wie chronische Blasen-Nierenentzündungen verschwanden,
- wie die Mens sich wieder einstellte,
- wie monatliche Mens-Schmerzen einfach verschwanden,
- wie der Kinderwunsch nach erfolgloser Hormonbehandlung und künstlicher Befruchtung auf natürliche Weise wie selbstverständlich erfüllt wurde,
- wie Zeugungsunfähigkeit umgewandelt wurde in Zeugungskraft,
- wie Hautausschlag, offene Beine verschwanden,
- wie Varizen sich zurückbildeten, Venenschmerzen verschwanden,
- wie aufgeschwollene Beine regenerierten,
- wie chronischer Husten, Asthma einfach weg blieben,
- wie Senker, Blocker, Verdünner ausgeschlichen werden konnten und die Organe wieder ganz normal funktionierten,
- wie Polypen und Krebs aufgelöst wurden,
- wie Depressionen sich in Lebensfreude verwandelten,
- wie Psychopharmaka überflüssig wurden,
- wie die Wechseljahre ohne Wallungen überstanden wurden,
- wie chronische Müdigkeit in Vitalität umgewandelt wurde,
- wie Haarausfall gestoppt, brüchige Nägel regeneriert wurden,
- wie Schaflosigkeit sich in wohltuend erquickenden Schlaf verwandelte,

- wie Altersflecken nach und nach ausbleichten und wegblieben,
- wie schwitzende Hände, heisse Fusssohlen verschwanden,
- wie kalte Hände, kalte Füsse gut durchblutet und warm wurden,
- wie seborrhoische Ekzeme, Aphten, Warzen, Herpes, Gürtelrose usw. einfach verschwanden,
- wie drohender Zahnausfall gestoppt wurde,
- wie Hitzewallungen ausblieben,
- wie Bettnässen aufhörte,
- wie kreisrunder Haarausfall gestoppt und die Haare ganz natürlich nachwuchsen,
- wie aufgeschwollene Beine und Knöchel abschwollen und schmerzfrei wurden,
- und viele, viele mehr.

Ich denke, ich habe in meinen Praxisjahren alle nur denkbaren Krankheiten und Leiden gesehen. Und bei jedem Patienten habe ich immer das Gleiche gemacht: Entsäuern, entgiften, entstauben, Ernährung umstellen, Organe aufbauen, unterstützen, Hilfe zur Regeneration anbieten, Vitalstoffe, Vitalstoffe, Vitalstoffe.

Was höre ich? Muss ich das ein Leben lang machen?

Gegenfrage: Wie ist das bei dir mit dem Hausstaub? Hat die Lieferung aufgehört oder fällt der immer noch?

Regel 9:
Nutze Vitalstoffe!

Gesunde, leistungsfähige Organe benötigen Vitamine, Mineralien, Spurenelemente in rauen Mengen. Schmerzfreiheit, Gesundheit und Vitalität bis ins höchste Alter ist problemlos möglich. Deine Organe funktionieren so lange problemlos wie du sie reinigst, pflegst und ihnen genügend natürliche Vitalstoffe gibst.

GESUNDHEITSREGEL NR. 10: BEWEGLICHKEIT AUF ALLEN EBENEN

Was denkst du, wie viele Gelenke hast du? 30, 50, 80? Ich meine, wie viele potentielle Schmerzstellen sind in deinem Körper?

Wir Menschen haben etwas über 200 Knochen und damit auch Gelenke. Sie alle sind mit empfindlichen Knochenhäuten, Knorpeln ausgestattet. Sie jederzeit geschmeidig und voll funktionstüchtig zu erhalten ist eine Herkulesaufgabe deines Organismus.

Er bewältigt diese Aufgabe so quasi nebenbei, vorausgesetzt, die Gelenke sind nicht verkalkt (Kapitel 5), nicht entzündet (Kapitel 3) und der Organismus hat genügend Vitalstoffe (Kapital 9) und, ganz wichtig, du achtest darauf, dass sie gut durchblutet sind.

Hast du jemals beobachtet, wie eine Katze aufsteht? Sie hakt die Vorderpfoten irgendwo ein und dann streckt sie die Vorderbeine lang und ausführlich. Danach macht sie das Gleiche für die Hinterbeine. Dann schiebt sie die Pfoten zusammen und macht einen grossen Buckel. Danach gähnt sie gründlich. Dann läuft sie los: katzenhaft geschmeidig und macht „Miau". So quasi, um dir zu sagen: Na, hast du's kapiert?

Wäre das nicht auch etwas für dich? Den Körper, die Muskeln, Sehnen, Bänder so in Betrieb nehmen? Dafür sorgen, dass sie durchblutet werden. In den Körper hineinspüren, wo es gerade vielleicht weh tut?

Und jetzt die Frage an dich: wie stehst du auf? Wie nimmst du deinen Körper in Betrieb?

Ich sage dir, wie ich das tue: ich mache jeden Tag die Fünf Tibeter.[13] Diese ebenso einfachen wie wirkungsvollen Übungen gehen auf die sehr praktisch veranlagten Mönche im Himalaya zurück. Über viele Jahrhunderte entwickelt und praktiziert von Menschen, die einerseits esoterisch-spirituell-ganzheitlich-naturverbunden ausgerichtet waren und andererseits in einem harten Überlebenskampf standen. Die Fünf Tibeter gaben ihnen die Kraft und Geschmeidigkeit, die harte Tages- Arbeit durchzustehen und zwar physisch, mental und psychisch.

Na, wäre das nicht auch etwas für Dich? Ein Programm, das dir hilft, deine gegebene Lebenssituation, all deine Strapazen, gleichsam spielerisch leicht zu ertragen. Erfolgreich, so quasi mit einem Lächeln im Gesicht.

Ja, ich weiss du hast keine Zeit.

Auch nicht 10 Minuten pro Tag?

Überlege es dir. Wenn die Schmerzen und Gebrechen erst mal richtig da sind, dann verplemperst du spielend Stunden oder Tage in Ärzte-Wartezimmern oder im Spital. Dagegen sind 10 Minuten pro Tag ein Klacks.

So, nun habe ich dir die 10 wichtigsten Gesundheits-Regeln erklärt. Jetzt bist du dran. Beginne noch heute mit der Umsetzung.

Ich wünsche dir herzlich viel Glück – und gute Gesundheit!

---

[13] Ich habe viele Seminare gegeben und dann ein Praxisbuch mit genauer Anleitung geschrieben: Arnold H. Lanz, Fitness und Entspannung mit den Fünf Tibetern, Scherz Verlag, ISBN 978-3-502-25016-6

Regel 10:
Bleibe körperlich, mental und geistig beweglich!

Fitness ist in aller Munde. Die meisten Menschen verstehen darunter nur körperlich-sportliche Fitness. Aber es geht um viel mehr: um geistige, mentale, psychische Gesundheit. Die erreichst du mit einem ebenso einfachen wie wirkungsvollen Programm: den Fünf Tibetern. Sie stärken dein Immunsystem, erhalten dich jung, fit, physisch und psychisch lebendig.

Regel 1:
Wandere, denn Wandern ist artgerechte Bewegung!

Wir Menschen sind Laufmaschinen. Tennis, Fussball, Klettern usw. in allen Ehren, aber unser ganzer Körper ist auf Gehen, Marschieren, Laufen ausgerichtet. Täglich 30 Minuten Wandern ist die beste Garantie für ein langes, beschwerdefreies Leben. Jedes Jahr regelässiges Laufen erhöht die Lebenserwartung um einen Monat.

Mein Umsetzen:

Regel 2:
Trinke, denn Wasser ist wichtiger als alles andere!

Wir bestehen zum grössten Teil aus Wasser, umhüllt von Haut, strukturiert durch Knochen und Organe. Leider verlieren wir Wasser, wir müssen es laufend ergänzen, erneuern. Wein, Bier, Tee, Kaffee, Red Bull usw. machen dem Organismus viele Probleme. Ein bis drei Liter möglichst reines Wasser ergänzen den Vorrat, sichern den Nährstrom, erhalten Haut und Organe vital.

Mein Umsetzen:

Regel 3:
Vorsicht Nahrung:
Iss strikt nur, was du auch verdauen kannst!

Essen ist einfach, aber denk daran: alles was du in den Mund steckst müssen deine Organe bearbeiten. Gelingt es ihnen nicht es zu verdauen, kommt es zu Durchfall oder der Körper muss ein Depot bilden. Und da, genau da, beginnen deine Gesundheitsprobleme.

Krankheiten mögen verschiedene Väter haben, aber sie haben immer nur eine Mutter: Nahrung, die dein Körper nicht verdauen kann.

Mein Umsetzen:

Regel 4:
Iss ganz konsequent nur verdaubare Fette!

Das Thema Fett und Öle ist ganz einfach. Verdauen kannst du Butter, Bratbutter, Kokosfett und Leinöl. Leinöl verliert seinen Omega 3 Gehalt, wenn du es erwärmst. Nimm also Bratbutter oder Bio-Kokosfett zum Braten und erhitzen und für alles andere Leinöl. Diese Fette kannst du gut verdauen und sie machen dich nicht dick.

Mein Umsetzen:

Regel 5:
Vermeide Verkalkung,
denn tödlich leise rieselt der Kalk!

Gemäss Statistik leiden 80 bis 90% aller alten Menschen an Kalkeinlagerungen in irgendeiner Form. Du hast also die besten Aussichten, genauso immobil, verkalkt, versteinert zu werden wie Lots Weib. Heute passiert das nicht mehr plötzlich, sondern viel „komfortabler" über Stöcke, Rollator, Rollstuhl, Krankenbett. Aber es ist immer noch mit höllischen Schmerzen verbunden.

Genau diese Zukunft hast du vor dir, wenn du nicht aktiv wirst, deinem Körper hilfst Kalk auszuwaschen und neue Einlagerungen aufzuhalten. Nimm Zitrone, Apfelessig, Bor, K2, D3, Magnesium! Und bewege dich; täglich!

Mein Umsetzen:

Regel 6:
Nutze die volle Green-Power Urkraft!

Wir leben in einer sehr interessanten Zeit – die leider jede Menge belastende Umwelteinflüsse und Umweltgifte bereithält. Feuer bekämpft man am besten mit Gegen-Feuer, Umweltgifte mit Umwelt-Natur-Urkraft. Bereite dir täglich einen Green-Power Smoothie zu, in den du so viel Natur-Entgiftungskraft als irgend möglich hineinmixt.

Mein Umsetzen:

_____

_____

_____

_____

_____

_____

_____

_____

_____

_____

_____

_____

_____

Regel 7:
Nutze ätherische Öle!

Glaube mir, hinter jeder Krankheit, wirklich hinter jedem Leiden, stehen Erreger. Das gilt für Grippe genauso wie für Hautausschlag, offene Beine, Migräne, Rheuma, Asthma, Herz-Kreislaufprobleme, MS, Parkinson, Krebs usw. usw.

Die wirkungsvollste Waffe, die wir dagegen haben, sind ätherische Öle. Nur sie werden zuverlässig fertig mit Viren, Pilzen, Parasiten, Bakterien, Prionen. Sie haben den grossen Vorteil, dass sie keine Nebenwirkungen produzieren und zudem vergleichsweise spottbillig sind.

Mein Umsetzen:

Regel 8:
Befreie und regeneriere deine Organe!

Pflanzenmischungen helfen den Organen sich von Belastungen zu befreien. Pflanzenkraft ist die effizienteste Regenerationshilfe. Wenn du Senker, Blocker, Verdünner usw. vermeiden oder loswerden möchtest, dann pflege deine Organe. Hilf ihnen mit Kräutermischungen zu regenerieren und du wirst wahre, echte Wunder erleben.

Mein Umsetzen:

Regel 9:
Nutze Vitalstoffe!

Gesunde, leistungsfähige Organe benötigen Vitamine, Mineralien, Spurenelemente in rauen Mengen. Schmerzfreiheit, Gesundheit und Vitalität bis ins höchste Alter ist problemlos möglich. Deine Organe funktionieren so lange problemlos als du sie reinigst und ihnen genügend natürliche Vitalstoffe gibst.

Mein Umsetzen:

Regel 10:
Bleibe körperlich, mental und geistig beweglich!

Fitness ist in aller Munde. Die meisten Menschen verstehen darunter nur körperlich-sportliche Fitness. Aber es geht um viel mehr: um geistige, mentale, psychische Gesundheit. Die erreichst du mit einem ebenso einfachen wie wirkungsvollen Programm: den Fünf Tibetern. Sie stärken dein Immunsystem, erhalten dich jung, fit, physisch und psychisch lebendig.

Mein Umsetzen:

_____

_____

_____

_____

_____

_____

_____

_____

_____

_____

_____

_____

_____

_____

ANHÄNGE

Nr.	Inhalt
1	Omega 3, Omega 6
2	Das Säure-Basen-Gleichgewicht
3	Umweltbelastungen
4	Rezepte bei Kalk-Einlagerungen
5	Bezugsquellen

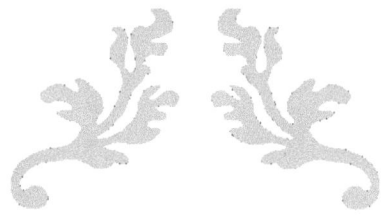

Anhang 1: Annährungswerte Omega 3 : 6

Öl, Fett	Anteil Omega 3	Anteil Omega 6
Omega 3 überschüssig:		
Leinöl	56	15
Leinsamen	17	4
Chia Samen, -Öl	3	1
Omega 3/6 neutral		
Butter / Rahm	2	2
Bratbutter	1	1
Kokosfett, Bio-	1	2
Omega 6 überschüssig		
Rapsöl	9	26 - 55
Olivenöl	1	8 - 15
Weizenkeimöl	8	57
Kürbiskernöl	1	54 - 100
Sonnenblumenöl	1	66 - 140
Distelöl	1	78 - 130
Margarine	1	18 – 35
Nüsse	1	7 - 35

Die Werte sind aus unterschiedlichen Quellen zusammengetragen.

ANHANG 2: DAS SÄURE-BASEN GLEICHGEWICHT

Unser Organismus tut alles, um ein ausgewogenes Säure-Basen Verhältnis zu erhalten und zu bewahren. Leider ist das in unserer Zivilisation nicht einfach. Viel zu viele Einflüsse stören das Gleichgewicht. In unserem Alltag überwiegt die Säure eindeutig, so dass Säure-Base ein Thema ist, das ein Leben lang zu beachten ist.

Die meisten Menschen haben zu viel Säure, weil

- unsere ganze Umwelt sauer ist,
- wir viel Hektik, Nervosität, Aufregung, Stress, Sorgen um uns herum haben,
- wir Handy-, WLan-, Computer-, Photovoltaik- usw. Strahlen ausgesetzt sind. Strahlen, deren Auswirkungen heute nicht restlos geklärt sind,[14]
- wir meist mehr sauer wirkende Nahrungsmittel essen als basische,[15]
- viele Menschen keine Ahnung haben, was echte Säure-Bomben sind,[16]
- wir Säure im Alltag kaum bemerken. Der Organismus scheidet sie aus dem Blut aus, lagert sie im Gewebe ein und versucht sie zu

---

[14] Immer wieder liest man von Walen, die ohne ersichtlichen Grund gegen den Strand schwimmen und kläglich verenden. Man vermutet, dass der Schiffsfunk, dass Strahlen, den Orientierungssinn der Wale stört. Welche negativen Auswirkungen unsere strahlenverseuchte Welt auf uns Menschen hat, ist heute nicht wirklich bekannt.

15 Eine gute Übersicht über sauer bzw. basisch wirkende Nahrungsmittel: https://www.zentrum-der-gesundheit.de/saure-und-basische-lebensmittel.html

[16] Amerikanische Fachinstitute wie z.B. Nutrition & Healing stufen Weissbrot (=Weizen =Stärke) plus Fruchtsäfte (=Zucker) als die zwei gefährlichsten Nahrungsmittel weltweit ein.

kontrollieren. Das gelingt weitgehend, bis – ja, bis das Glas einfach überläuft,

- es schulmedizinisch keine einfache Methode zur Bestimmung von im Körper, im Gewebe, in den Gelenken eingelagerter Säure gibt. Säure bleibt so oft über lange Zeit unbemerkt,
- die Wirksamkeit von Entsäuerungs-Kuren kaum jemand kontrolliert, kontrollieren kann,
- die Qualität all der Basen-Mittel (Salze, Kuren, Kräuter usw.) kaum jemand beurteilen kann.

Entsäuern ist eine Daueraufgabe.

Dem deutschen Arzt Hufeland[17] wird folgendes Basen-Rezept zugeschrieben:
0,2 Liter Wasser erhitzen. Zwei mittelgrosse Kartoffeln mit einer feinen Reibe in das kochende Wasser reiben. Einige Minuten köcheln (überwellen). Den Sud essen.

In der Humoralmedizin wird Kü-Ka-Lei-Wa empfohlen:
- 1 Liter Wasser aufkochen
- 1 EL Kümmel (-Gewürz), beigeben
- 500 gr Kartoffeln gut waschen, nicht schälen, beifügen
- 2 EL Leinsamen, nicht geschrotet, beigeben
- Das Ganze 20 Minuten köcheln lassen, die Kartoffeln richtig zerkochen, sie zerstossen
- Abkühlen lassen und danach abseihen
- Den ganzen Liter über den Tag trinken

---

[17] Christoph Wilhelm Hufeland, deutscher Arzt, königlicher Leibarzt, 12.08.1976 – 25.08.1836. Er wird als Begründer der Makrobiotik gesehen.

Basen-Pulver

Für viele Menschen ist die Einnahme eines Basen-Pulvers einfacher. Davon gibt es viele auf dem Markt. Neben Mineralien enthalten einige auch Kräuter oder fein geriebene Halbedelsteine. Auch mineralhaltige Heilerde ist auf dem Markt zu finden.

Grundsätzlich gilt: Je mehr unterschiedliche Mineralien in dem Pulver sind, umso besser wirkt es: mindestens Magnesium, Selen und Zink sollten enthalten sein, vorzugsweise auch Kalium.

Basen-Bäder

Nimm reines, klassisches Meersalz oder ein spezielles Basen-Pulver für Vollbäder oder Fussbäder: Dauer 30 Minuten.

Besteht eine Übersäuerung (Rheuma, Gicht, Gelenkschmerzen) über längere Zeit, ist es sinnvoll, Basenpulver / Basen-Bäder mit Hufeland oder Kü-Ka-Lei-Wa zu kombinieren.

ANHANG 3: UMWELTBELASTUNGEN, DIE ZU KRANKHEITEN ALLER ART FÜHREN KÖNNEN

Unsere Umwelt ist voll von krankmachenden Stoffen *

Chemikalien, denen wir ausgesetzt sind:
- Umweltverschmutzung, Industriestaub
- Zigaretten-, Pfeifen-, Zigarrenrauch
- Auto-, Bus-, Lastwagen-, Flugzeugabgase
- Farben, Lösungsmittel, Klebstoffe, Formaldehyd, Toluene, Benzene
- Pflegeprodukte: Kosmetika, Haarspray, Shampoo

Gemüse, Früchte, Beeren: Pestizide, Herbizide, Fungizide und chemische Düngemittel

Schwermetalle, denen wir ausgesetzt sind:
- Tabakrauch: Nickel, Blei, Cadmium, Arsen
- Kochgeschirr: Edelstahl, Nickel, Aluminium (und vereinzelt Zinn)
- Schmuck: (Billigschmuck): Nickel (auch Gold und Silber sind keine körpereigenen Metalle)
- Hydrierte Fette und Oele: Nickel
- Verfeinerte Nahrungsmittel: Nickel
- Zähne: Kronen: Amalgam, Quecksilber (Porzellan-Füllungen: Nickel)

Brunnen-Wasser: Blei, Cadmium, Aluminium

Elektromagnetische Felder, denen wir ausgesetzt sind:
- Flugzeuge
- Bahn, Hochgeschwindigkeitszüge
- Röntgenstrahlen
- Sonne in den hohen Bergen
- Atomstrom-Anlagen
- LAN, WLAN
- Bluetooth

- Schnurloses Telefon
- Solaranlagen

ELF (low frequency) Magnetfelder, denen wir ausgesetzt sind:
- Mikrowellen-Öfen
- Handy, Smart-Phones
- Elektrische Wärmekissen
- Quarz-Uhren
- Elektrische, elektronische Wecker
- Kupfer-Matratzen
- Wasser Betten mit Heizung
- Fernsehgeräte
- Lampen, Sparlampen
- Computer, Notebooks, selbst wenn diese abgestellt sind
- Rauchmelder

Nahrungsmittel, die wir essen:
- Hormone und Antibiotika in der Tiermast
- Pestizide, Fungizide, Herbizide in Getreide, Gemüse, Früchten, Salat
- Haltbarmachende Stoffe, Konservierungsmittel in Lebensmitteln
- Toxische Fette, Transfette
- Zucker und zuckerhaltige Nahrungsmittel
- Coffein, coffeinhaltige Lebensmittel
- verarbeitete und verfeinerte Lebensmittel
- Alkohol
- Medikamente

Kunstfasern, synthetische Stoffe, Klebstoffe
in Möbeln, Teppichen, Vorhängen, Tapeten, Kleidern
bearbeitete Stoffe wie z.B. knitterfreie Baumwolle
Materialien wie Kleider, Bettwäsche, Nahrungsmittel, die speziell behandelt wurden

*Diese Aufzählung, diese Beispiele stammen aus dem Buch :"The complete Cancer Cleanse" von M.S. Cherie Calbom. Thomas Nelson Verlag, ISBN 978-0-7852-8863-3

ANHANG 4: REZEPTE BEI KALKEINLAGERUNGEN

Apfelessig

Wer Apfelessig ursprünglich empfohlen hat, ist kaum mehr festzustellen. Wissenschaftliche Studien zur Anwendung und Wirkung sind wohl nicht vorhanden, dafür finden sich viele begeisterte Berichte.

Apfelessig

- hilft bei Arterienverkalkung,
- hilft bei Diabetes (insbesondere zum Vermeiden der Diabetes-Spätfolgen),
- senkt den Cholesterinspiegel,
- reguliert die Verdauung,
- wirkt sättigend, senkt Heisshunger,
- senkt den Blutzuckerspiegel,
- macht basisch, reguliert das Säure-Basen-Gleichgewicht,
- wirkt gegen Pilze und Bakterien.

Es gibt weitere Stimmen, die sagen, Apfelessig

helfe abzunehmen,

gebe eine schöne, straffe Haut,

pflege den Haarboden, gebe schöne Haare,

sei ein gutes Warzenmittel.

Anwendung:

Apfelessig ist denkbar einfach in der Anwendung: **1 EL auf 100 ml Wasser, nüchtern vor dem Essen.**

Bitte nur reinen, nicht pasteurisierten, naturtrüben Apfelessig aus Bio-Äpfeln verwenden

Zitronen-Getränk nach Dr. Johanna Budwig

So bereitest du das Getränk zu:

* 1 Liter destilliertes oder abgekochtes Wasser
* den Saft von 3 Zitronen beifügen (auspressen),
* 1 daumendickes Stück Ingwer frisch raspeln, beifügen
* 3 TL Honig

Alles gut vermischen durch Umrühren.

Das Getränk einen Tag bei einer Temperatur von 15-25°C aufbewahren. Dadurch wird eine leichte Mazeration erreicht. Trink den ganzen Liter am Folgetag glasweise über den Tag verteilt. Am 2. Tag den Liter für den 3. Tag ansetzen, am 3.Tag für den 4 usw. Immer eine Woche Zitronen-Getränk, dann eine Woche Pause, dann erneut eine Woche Getränk usw.

Dieses Rezept ist von Dr. Johanna Budwig überliefert und zwar als Vitalisierungsgetränk. Sie schreibt dazu:

Das Vitalisierungsgetränk stärkt die Effizienz der Verdauungsorgane. Giftablagerungen im Darm werden ausgeschieden, die innere Darmvergiftung durch behinderten Stuhlgang wird eliminiert. Vermieden werden Verstopfung, Blähungen, Rumoren, Verdauungsschwäche, harte Stuhlgänge und Hämorrhoiden.

Die Zitronensaftkur hilft, die chemischen Gifte auszuscheiden, die sich von Parasiten, Pilzen, Hefebakterien und Darmbakterien eingenistet haben. Das Immunsystem wird dadurch gestärkt.

Dadurch erhöhen sich automatisch unsere geistige Konzentration und unsere mentale Klarheit. Und es gibt eine sehr beliebte Nebenwirkung: Gewichtsabnahme!

Anhang 5: Bezugsquellen

Kapitel 6: Green Power
Das derzeit (2018) wohl reichhaltigste Green-Power-Konzentrat ist: Orac-Energy Greens, von Paradise Greens, USA. Ähnlich sind Macro Green Superfood von Macro Life Naturals, USA und All One Green Phyto Base von Nutritech, USA.

Kapitel 7: ätherische Öle
In vielen Ländern sind ätherische Öle nur in Form von Aromatherapie bekannt. Schade, denn sie können sehr viel mehr. Suche nach ätherischen Ölen, die in Kapseln abgepackt sind.
In CH: Pharmacie des Eaux Vives, Genf
In F: Suche im Internat auch unter «huiles essentielles»
NOW: Oregano Oil Intestinal Support enthält Oregano, Ginger, Fennel

Kapitel 8 und 9: Vitalstoffe, pflanzliche Regenerationshilfen
Jede gut sortierte Apotheke / Drogerie kann Urtinkturtropfen und oder spagyrische Mixturen mischen. Viele halten auch eigene Rezepturen bereit. Achte auf Vielfältigkeit, verwende nie Einzelsubstanzen, die können zu Abhängigkeiten führen. Ergänzende Empfehlungen:

Thema	Produkt	Hersteller	Bemerkungen
Multivitamin	Orchard Plus und Garden Veggies	Natures Way, USA	Kostengünstig, basiert auf je zirka 8 Früchten und Gemüse. Identisch/ähnlich in vielen Ländern: Pinifit, Nutri Juice, Juice Plus.
	Vitalkomplex	Dr. Wolz, D	Zirka 30 Obst, Gemüse, Kräuter

	Miracle Reds Superfood	Macro Life Naturals, USA	Das derzeit (2018) wohl reichhaltigste Multivitamin.
	All One Original Formula	Nutritech, USA	Ähnlich Miracle Reds.
	Alive Multivitamin	Natures Way, USA	Erheblich reichhaltiger als Orchard Plus, Garden Veggies.
	Daily Vits	NOW, USA	Vitamine und Mineralien, gutes Preis- Leistungsverhältnis.
	Eco Green	NOW, USA	Multivitamin mit grossem Grün-Anteil.
	Energy	NOW, US	Multivitamin mit grossem Anteil an Adaptogenen (bei Stress).
	True Balance	NOW, USA	Hilft Leber / Pankreas Zucker und Stärke besser zu verdauen.
Verstopfung	Super Colon Cleanse green	Health Plus, USA	Unbedingt die Variante green nehmen.
Leber-Galle	Liver Cleanse	Health Plus, USA	
Herz-Kreislauf	Heart Cleanse	Health Plus, USA	Magnesium, Pflanzen, Q10
	Natural Resveratrol 200mg	NOW, USA	Hoch konzentriertes Resveratrol

Venen	Leg & Veins	Natures Way, USA	Vitamin, Pflanzen, OPC
Atemsystem	Lung, Bronchial & Sinus Health	Natural Factors, USA	Pflanzen
Niere-Blase	Water Out	NOW, USA	Vitamin, Mineralien, Pflanzen
	Urinary	Natures Way, USA	Pflanzen
Milz, Blutsystem	Blood Cleanse	Health Plus	Vitamin, Mineralien, Pflanzen
Hormonsystem	Raw Multiple Glandular	Ultra Enterprises, USA	Breitband Unterstützung der hormonproduzierenden Organe
Nervensystem	Nerve tonic	Liddell Lab, USA	Homöopathika
	Relora	NOW, USA	Nervenstärkung bei Stress
Struktur: Knochen, Sehnen, Bänder	Bone Strength	NOW, USA	Mineralien, Vitamine, Boron
	Joint Cleanse	Health Plus, USA	Mineralien, Vitamine, Collagen, Pflanzen
	Bone & Tissue Blend	Solaray,USA	Pflanzen, Pilze. Mit Mineralien zu ergänzen
	Topfit	Phytopharma, CH	Mineralien
	Collagen-Hyaluronsäure-Drink	Natura Vitalis, NL	Collagen, Gemüse, Beeren, Vitamine

	UC II	NOW, USA	Collagen, Glucosamine, Chondroitin
	Boron	NOW, USA	Boron hochkonzentriert
	K 2	NOW, USA	Vitamin K in gut verdaubarer Form
	Tri-3D Omega	NOW, USA	Omega 3 in höchster Konzentration
	Glucosamine, Sulfate	Solaray, USA	Glucosamine, Pflanzen
Haut, Haare	Hair & Skin	Natures Way, USA	Vitamine, Heilkräuter
Augen	Vision	Naures Way, USA	Vitamine, Mineralien, Kräuter

Zeitfracht Medien GmbH
Ferdinand-Jühlke-Straße 7
99095 Erfurt, Deutschland
produktsicherheit@kolibri360.de